LEIBNIZ ET LA DYNAMIQUE EN 1692

BIBLIOTHÈQUE D'HISTOIRE DE LA PHILOSOPHIE

NOUVELLE SÉRIE

Fondateur : Henri GOUHIER Directeur : Jean-François COURTINE

LEIBNIZ ET LA DYNAMIQUE EN 1692

par

Pierre COSTABEL

PARIS

LIBRAIRIE PHILOSOPHIQUE J. VRIN

6, Place de la Sorbonne, Ve

—

2013

Imprimé en France

ISSN 0249-7980

ISBN 978-2-7116-0158-5

www.vrin.fr

AVANT-PROPOS

L'étude que nous présentons n'aurait pas vu le jour sans les encouragements et les conseils de M. Alexandre Koyré, directeur d'études à l'École Pratique des Hautes Études de la Sorbonne. Ses leçons d'histoire des sciences à la VIe section nous ont permis d'approfondir les questions fondamentales débattues au cours du XVIIe siècle et de connaître le bienfait d'une recherche collective digne de l'Enseignement Supérieur.

Mais en raison de nos travaux personnels en cours, notre étude était tout d'abord orientée sur un sujet plus technique, le problème du choc chez Huygens et Mariotte. C'est en cherchant en vain des documents sur les expériences de Mariotte que nous avons découvert dans les Archives de l'Académie deux manuscrits leibniziens et cette découverte a changé nos plans. Nous ne le regrettons pas.

Il s'agit de deux copies de textes mécaniques de l'année 1692. Leur critique externe et interne, l'identification du copiste, la recherche des circonstances et des motifs de l'exécution de ces copies nous ont conduit à approfondir une histoire mal connue, celle des difficultés de Leibniz avec le milieu savant français et à trouver dans un examen patient et minutieux l'illustration de thèses plus étendues et plus générales sur la cohérence interne de la pensée de Leibniz. La confirmation d'une vision générale est un résultat, et beaucoup d'esprits sont tentés aujourd'hui de limiter là le bénéfice des études de détail. Notre seule ambition est de montrer par notre travail que cette conclusion hâtive ne se justifie pas. Les grandes synthèses et les idées générales sont précieuses et indispensables. Elles n'ont pas cependant de contenu substantiel sans la connaissance profonde et vivante qui s'acquiert patiemment au contact des grands hommes du passé. La diplomatie de Leibniz, ses erreurs et ses insuffisances, le rendent plus humain et plus proche de nous, la profondeur de son analyse et son application tenace à suivre jusqu'au bout les lignes tracées par des principes métaphysiques le rendent aussi plus grand et nous obligent à prendre conscience des difficultés qu'il avait à vaincre, difficultés non seulement relatives à son époque et à son milieu, mais peut-être éternelles.

Tout ce qui restitue la vie et nous sauve de la discussion abstraite et intemporelle des idées est d'un grand prix. Si nous avons pu en apporter une modeste preuve, nous en rendons hommage aux leçons de M. Alexandre Koyré.

Qu'il nous soit permis de remercier aussi M. Joseph Ehrenfield Hoffmann qui nous a évité de plus longues recherches pour le premier manuscrit par une référence immédiate, et très spécialement M. André Robinet pour les renseignements qu'il a bien voulu mettre à notre disposition. Au moment où nous achevions le rassemblement des données des correspondances nécessaire pour l'histoire que notre premier chapitre s'efforce de rendre exhaustive, la parution de la thèse de M. Robinet sur Malebranche et Leibniz nous a été d'un précieux secours.

PIERRE COSTABEL.

Publié en 1960 sous le titre *Leibniz et la dynamique – Les textes de 1692,* ce petit ouvrage n'est plus accessible aujourd'hui que dans une version anglaise qui n'est pas irréprochable. De divers côtés il s'avérait utile de remettre à la disposition du public l'édition de mémoires que Leibniz écrivit en français et qui, tirés de l'oubli des pièces d'archives, ont priorité sur tout commentaire. En saisissant l'occasion de réaliser, après vingt ans, ce qui n'est qu'une seconde émission, le commentateur prend aisément son parti de n'apporter à sa propre contribution que les quelques corrections minimes permises par les espaces blancs de la première émission.

Il remercie les Éditions Hermann d'avoir bien voulu lui rendre la disposition des droits pour cette simple reproduction et la Librairie Philosophique J. Vrin d'avoir permis la réalisation dans des conditions favorables aux jeunes chercheurs.

Grâce à la bienveillance de la *Revue Internationale de Philosophie,* une étude complémentaire, réalisée en 1966 avec édition de manuscrits, a pu être jointe utilement.

Le titre a été légèrement modifié pour que l'édition des textes leibniziens n'échappe pas aux informations bibliographiques.

1er février 1981.

INTRODUCTION

On a beaucoup écrit sur Leibniz comme d'ailleurs sur les autres grands philosophes du XVIIe siècle et l'on comprendra aisément qu'un homme dont la formation première est mathématique rejette toute prétention à ajouter aux savants commentaires dans lesquels il a puisé lui-même la connaissance d'une complexité qu'il ne soupçonnait pas, il y a quelques années.

S'il se permet ces allusions personnelles, c'est que sa propre expérience ne lui paraît pas devoir être inutile à ceux qui viennent du même horizon intellectuel. L'esprit scientifique moderne est en général très satisfait de l'indépendance de la science à l'égard de toute philosophie, chacune des disciplines qui constituent cette science s'étant peu à peu construite comme homogène à son objet dans le rejet de tout élément externe. Il croit pouvoir juger des œuvres du passé par référence à l'état de fait du présent. Lorsqu'il aborde l'histoire, c'est pour y rechercher la plupart du temps les émergences de ce qu'il appelle à juste titre l'héritage positif, et si l'objectivité le mène à observer les considérants métaphysiques qui ont été les moteurs de la recherche des grands précurseurs du XVIIe siècle, il est rare qu'il leur accorde mieux qu'une attention polie. Réduire ces considérants au rôle de catalyseurs, c'est une tendance de nature d'un esprit qui n'appartient plus au même univers que ces grands précurseurs et s'il y a là une situation très fâcheuse, il ne faut pas se scandaliser, il vaut mieux restituer, autant que faire se peut, l'intelligence de l'univers disparu.

« Il suffit de consulter la liste des premières œuvres de Leibniz, dit M. Guéroult [1], pour se convaincre de la diversité originaire des thèmes (logique, mathématiques, physique, juridique, moral, reli-

1. Guéroult (M.) : *Dynamique et Métaphysique Leibnizienne* (Paris, Vrin, 1934) p. 2.

gieux, théologique, philosophique, etc.) d'analyser ces œuvres pour les retrouver tous en chacune d'elles, mais à des points de vue différents. Aussi ces thèmes se développent-ils ensemble, réagissant les uns sur les autres, dans leurs modifications, de façon simultanée, si bien que de la pensée philosophique de Leibniz, on peut dire ce qu'il affirmait de l'univers, que tout est lié, tout conspire... » Ce qui est vrai de Leibniz, à un titre très spécial, l'est aussi de ceux que la science considère, selon l'expression que nous venons d'employer, comme les grands précurseurs, Descartes, Pascal, Newton, etc. Constater qu'ils ont été à la fois des philosophes et des savants, constater qu'ils ont trouvé dans leur philosophie de puissants mobiles pour leur recherche scientifique, c'est rester seulement sur le seuil d'une compréhension véritable et bienfaisante de leurs œuvres. Et si pour eux, tout est lié, tout conspire, c'est que sans doute, sous des expressions diverses, ils apercevaient des problèmes fondamentaux, des problèmes éternels, dont nous avons peut-être oublié jusqu'à l'existence.

On étonne beaucoup les esprits formés par la discipline mathématique en leur révélant par exemple les difficultés de la notion de différentielle. Il nous souvient d'avoir entendu dire à un savant mathématicien devant lequel on évoquait ces difficultés : « Si l'étudiant ne comprend pas comment on peut raisonner et calculer sur des quantités essentiellement variables et indéterminées qui ne sont ni rien, ni quelque chose, il faut lui demander un acte de foi. Faites confiance, suivez la logique des règles qui vous sont proposées, calculez et vous ne rencontrerez aucune contradiction ». S'ils ont perdu l'espoir de faire de la non-contradiction elle-même un objet de démonstration, les mathématiciens continuent cependant, et à juste titre, de trouver en elle un critère de vérité. Mais ils croient trop aisément que se réalise ainsi l'évacuation pure et simple des difficultés d'autrefois. Leibniz a été l'un des premiers à se confier au calcul et il a pu sans vanité dire du calcul différentiel qu'il était « son » calcul [1]. Pourtant il n'a jamais perdu de vue les contradictions qu'entraîne dans une science de la nature le postulat mathématique du continu divisible à l'infini.

Les difficultés sont voilées ou paraissent s'évanouir lorsque l'on borne le champ de vision. Rien de plus dangereux cependant, car le mouvement même de la vie de l'esprit n'admet guère les bornes. Le savant philosophe, qui au XVIIe siècle insérait consciemment toutes

1. Cf. en particulier GERHARDT, *Leib. math. Schr.*, t. VI, p. 507 et *infra*, p. 75 note 1.

ses recherches dans le vaste cadre d'une connaissance universelle des choses, doit certainement être préféré au savant strict et spécialisé du XXe siècle qui se meut à l'aise dans son domaine particulier et croit pouvoir atteindre suffisamment les autres domaines par simple extension. Il a sans aucun doute l'avantage de ne passer sous silence aucune difficulté et il nous invite à nous instruire avec le sérieux qui convient.

La science du mouvement tient dans la philosophie de Leibniz une place de premier plan. Cette affirmation générale ne suffit pas telle quelle à caractériser l'originalité de la position leibnizienne. Depuis Aristote lui-même tout effort de construction rationnelle d'une connaissance de la nature a rencontré le mouvement comme élément essentiel et Leibniz est venu dans un monde profondément informé par ce que l'on a appelé le mécanisme. Il n'a donc pas inventé le principe d'après lequel tout doit dans la nature être expliqué « per magnitudinem, figuram et motum », il n'a pas davantage inventé le principe d'après lequel le mouvement est l'élément majeur, qui « engendre dans la matière première, simplement étendue et strictement homogène et indéterminée, les déterminations d'où dérivent la grandeur et la figure des corps ». L'idée de déduire les propriétés de la matière des propriétés abstraites de la notion que nous avons de l'« étendue » (continuité, homogénéité parfaite, illimitation), et de chercher dans le mouvement le principe des découpages d'où naissent dans la matière les corps réels, est une idée cartésienne. Cartésienne aussi l'idée de dériver du mouvement, principe d'individuation, toutes les propriétés sensibles, dites secondes, des corps, lumière, couleur, chaleur, pesanteur, etc.

Leibniz a donc subi dans sa jeunesse l'influence de la doctrine cartésienne, beaucoup plus qu'il n'a voulu l'admettre lui-même. Il est vrai qu'il a lu Descartes très tardivement [1]. Vers 1669 à l'époque où il rassemble ses idées pour l'« hypothesis physica nova », il ne connaît Descartes que par des ouvrages de seconde main. Il s'est trouvé cependant d'emblée en pleine harmonie avec lui dans un même souci d'élaboration rigoureuse, de type géométrique, de la connaissance universelle de la nature. Partir des phénomènes sensibles, appa-

1. HANNEQUIN (A.) : *La première philosophie de Leibniz*, p. 22 (Lettre à Fabri). GERHARDT, *Die Phil. Sch. von G. W. Leibniz*, t. IV, p. 247, cf. *infra*, p. 36.

rents et réels, pour expliciter des lois « vraies », comme le font de nombreux « modernes », ne lui paraît pas la bonne et saine méthode, même lorsque le raisonnement s'y unit à l'observation. La bonne méthode c'est celle dont les «Éléments» d'Euclide ont donné le goût aux philosophes, et, encore qu'elle soit difficile, Leibniz désire la mettre en œuvre[1]. Il est, au sens large, nettement *rationaliste*.

Il est en même temps profondément croyant. Ce que la raison humaine conçoit et imagine comme possible, elle est impuissante à l'appeler à l'existence, Dieu est nécessaire à un monde qui ne subsiste pas sans pensée créatrice et immédiatement efficiente. Mais si le mouvement créateur procède en définitive de Dieu, l'action de la divinité se continue et se prolonge en quelque sorte d'elle-même et il n'est pas requis d'introduire dans l'explication du monde un concours extraordinaire et constamment renouvelé de Dieu. On se tromperait donc lourdement en majorant indûment le rôle de l'élément religieux dans la genèse de la doctrine leibnizienne. Sans doute, comme l'écrit Paul Mouy [2], « sa pensée profonde, qu'il réalisera de mieux en mieux, est d'établir une conciliation qui sauvera toutes les valeurs, aussi bien celles de la science que celles du droit et de la théologie, et de tirer du mécanisme même le moyen de prouver l'existence de l'âme et celle de Dieu, de faire confesser Dieu par la matière afin de confondre les athées », mais le protestant Leibniz est animé, et ce n'est pas là un mince paradoxe, d'un optimisme catholique quant à la valeur positive des facultés humaines. L'intelligibilité à laquelle elles permettent d'accéder n'est pas un mirage fallacieux, la raison humaine n'est pas la puissance divine mais elle n'est pas atteinte d'une infirmité essentielle qui vicie d'avance ses démarches diverses. Elle possède une adéquation réelle à l'objet de la connaissance et comme celui de Descartes, le Dieu de Leibniz est géomètre.

Ainsi il serait vain de chercher une distinction de ces deux grands esprits dans l'opposition de deux types de rationalisme. Leur attitude foncière à cet égard les unit au contraire étroitement.

Tout au plus peut-on noter des nuances. Les remarques dont Descartes accompagne ses écrits mécaniques prouvent à l'évidence la conscience dans laquelle il se trouve de l'écart nécessaire entre les lois abstraites déduites d'une spéculation logique et les lois des phé-

1. *Meditationes de cognitione, veritate et ideis* (1684) dans Gerhardt : *Phil. Schr. v. L.*, t. IV, p. 426; *Theoria motus abstracti* (*ibid.*, p. 234-239-240).

2. Mouy : *Le développement de la physique cartésienne (1646-1742)* [Paris, Vrin, 1934], p. 218.

nomènes observables. Les lois du choc par exemple sont établies dans le monde imaginaire de corps parfaitement durs et dans le vide. Ce sont là des conditions irréelles. Les lois du plan incliné, de la poulie et du levier supposent l'absence totale de résistances au mouvement. En fait, la rugosité des surfaces, la raideur des cordes, etc., introduisent des frottements qui perturbent les déductions théoriques [1]. Il y a bien, certes, des invraisemblances pour certaines lois théoriques, difficiles à réduire au cas simple des perturbations apportées par des phénomènes négligés en première approximation. Tel est le cas pour la fameuse Règle 4 selon laquelle un corps plus gros immobile ne saurait en aucune manière être ébranlé par un corps plus petit qui le heurte. Mais il en faudrait davantage, semble-t-il, pour émouvoir Descartes. Avec le temps et la patience qui lui font souvent défaut, Descartes affirme qu'il viendrait à bout de la difficulté, qu'il trouverait l'explication rationnelle de tous les écarts constatés [2]. Son intrépidité à maintenir fermement, même contre l'invraisemblance, le primat de la science rationnelle sur la physique concrète relève d'un acte de foi calme et serein. Telle n'est pas l'attitude de Leibniz. Le conflit étrange qui se révèle parfois entre les lois du mouvement abstrait et les lois d'expérience ne le laisse pas en repos. Il faut que celles-ci se déduisent de celles-là, il faut trouver l'image rationnelle de la manière dont Dieu a trouvé le moyen d'établir l'harmonie entre l'exactitude géométrique et la réalité physique [3]. Le rationalisme de Leibniz ne se satisfait pas des échappatoires, il est avide d'aller plus avant et plus profond.

Nous parlions plus haut de nuances. Elles sont, on le voit, d'une importance pratique indéniable. Sans elles, on ne saurait comprendre ce qui n'allait pas tarder de séparer Leibniz de son grand devancier.

« Je suis sûr que si M. Descartes avait vécu plus longtemps, écrit Leibniz en 1693 dans sa fameuse lettre à Nicaise, il nous aurait donné une infinité de choses importantes [4]. Ce qui fait voir, ou que c'était plutôt son génie que sa méthode qui lui faisait faire des découvertes, ou bien qu'il n'a pas publié sa méthode. En effet, je me souviens

1. Lettre à Mersenne, 27 mai 1638. Lettre à Constantin Huygens, 5 octobre 1637 (éd. Adam Tannery, t. II, p. 142, 432-443).

2. Descartes : *Principes de la Philosophie* (Amsterdam, Elzevier, 1644), 2e partie, art. 53 et 64; 4e partie, art. 188.

3. *Theoria motus abstracti*, Gerhardt (*Phil. Schr. v. L.*, t. IV, p. 237).

4. *Journal des Sçavans*, 13 avril 1693.

d'avoir lu dans une de ses lettres qu'il a voulu seulement écrire un discours de sa méthode et en donner des échantillons, mais que son intention n'a pas été de la publier. Ainsi les cartésiens qui croient avoir la méthode de leur maître se trompent fort. Cependant je m'imagine que cette méthode n'était pas aussi parfaite qu'on tâche de le croire. Je le juge par sa Géométrie. C'était son fort, sans doute, cependant nous savons aujourd'hui qu'il s'en faut infiniment *qu'elle n'aille aussi loin qu'elle devait aller et qu'il disait qu'elle allait.* Les plus importants problèmes ont besoin d'une nouvelle façon d'analyse toute différente de la sienne, dont j'ai donné moi-même des échantillons »...

A l'époque où se situent les textes dont nous présentons l'étude, Leibniz a donc conscience d'avoir dépassé Descartes, d'avoir découvert par l'analyse et le calcul des infiniment petits un secret qui a échappé au maître et davantage encore, bien entendu, à ses disciples. Ce secret c'est que l'objet des mathématiques consiste essentiellement dans une spéculation sur les rapports et proportions et dans une étude de relations, de telle sorte que le domaine de l'infiniment petit cesse, malgré les difficultés logiques, d'être inintelligible et peut être soumis au contraire à une organisation rationnelle. Mais si Leibniz a découvert le secret en 1675 au cours de son séjour parisien, dès que Huygens, son professeur de mathématiques et de mécanique, lui a permis à travers des lectures appropriées de combler les lacunes d'une formation superficielle et a fait de lui un mathématicien [1], c'est que le terrain était particulièrement bien préparé par la réflexion philosophique antécédente. Il est donc impossible de comprendre pourquoi et comment Leibniz se sépare de Descartes, pourquoi et comment son rationalisme dépasse le rationalisme cartésien dans sa propre ligne, sans se référer aux œuvres qui précèdent directement l'accession du philosophe allemand à une connaissance réelle des mathématiques

La *Theoria motus abstracti* est le premier des deux opuscules composés par Leibniz en 1670 et présentés sous le titre d'*Hypothesis physica nova* [2]. C'est le traité de base du vaste système du monde auquel ne cesse de penser le jeune philosophe. Il s'ouvre sur des

1. HUYGENS : *Œuvres complètes*, t. VII, p. 244, note 12.

2. GERHARDT : *Die Phil. Schr. v. L.*, t. IV, p. 223-240; cf. HANNEQUIN, *op. cit.* p. 60-61.

« fundamenta praedemonstrabilia » inspirés par la géométrie des indivisibles de Cavalieri et dont le but est d'expliciter la nature du Continu. Imaginer, comme le faisait Gassendi pour expliquer les degrés divers du mouvement (accélération), que des intervalles de repos plus ou moins longs entrent dans la structure du mouvement, ce n'est que déplacer le problème. Les « grains » de mouvement, si petits soient-ils, sont encore du mouvement et le problème primitif revient à l'infini si l'on se confie à une structure discontinue.

Le mouvement est donc un continu et le propre de tout continu, comme le dit Cavalieri, est d'être divisible et divisible à l'infini. Il n'y a pas de continu sans parties, en nombre infini, et cependant aucune de ces parties ne peut être conçue comme indivisible sans contradiction. Si toute partie de l'espace, du temps et du mouvement est encore de l'espace, du temps et du mouvement, elle doit être encore indéfiniment divisible. Il n'y a pas d'étendue minima. Que dire cependant du « commencement » du corps, de la durée, du mouvement ? Un tel commencement appartient à l'espace, au temps, au mouvement sans pouvoir être lui-même divisé, car la notion d'un commencement divisible est contradictoire. Il y a donc bien des indivisibles, constitutifs de l'espace, du temps et du mouvement, et cependant hétérogènes à ce qu'ils constituent puisqu'on ne saurait leur « assigner » une étendue, sous peine de tomber d'une contradiction dans une autre. On le savait depuis Zénon d'Elée [1], mais si l'on veut sortir des difficultés d'un si vieux problème, il faut accepter de raisonner sur ces êtres étranges que sont le point, l'instant, le *conatus* et dont le propre est d'être « inassignables ».

Leibniz le fait sans hésiter. C'est à Hobbes qu'il emprunte à la fois le nom et la définition du *conatus* « Conatum esse motum per spatium et tempus minus quam quod datur... ». Le rudiment du mouvement associe donc sous le nom de *conatus* une durée *inassignable* ou infiniment petite à un espace de même nature. La notion se complète, comme le fait remarquer justement Hannequin, par la considération de la vitesse. « De même qu'il existe des mouvements uniformes de grandeurs différentes ou, ce qui revient au même, des vitesses de degrés différents, de même il existe des *conatus* qui diffèrent entre eux comme les vitesses entre elles ». Pour comparer les *conatus* entre eux, il faut, il est vrai, supposer uniforme l'écoulement du temps lui-même et Leibniz l'admet aisément, encore qu'il soit conscient de la difficulté logique ainsi soulevée. Mais cette hypothèse étant

1. Cf. Pierre Costabel : *Le Mouvement* (*Encyclopédie Clartés*, Paris, 1956, t. XVI, fasc. 16150).

posée, la notion de *conatus* reçoit une signification assez claire. C'est l'élément infiniment petit de mouvement qui trouve sa détermination dans la vitesse d'un mouvement rectiligne et uniforme, coïncidant sur le même espace et dans la même durée infiniment petite [1].

Nous venons de noter l'influence de Hobbes sur la pensée de Leibniz. C'est à elle qu'il faut se référer encore pour saisir le plan de la *Theoria motus abstracti.* « Causa motus nulla esse potest in corpore, nisi contiguo et moto », tel est le principe de Hobbes, qui exclut de la science du mouvement toute action à distance [2]. Leibniz s'en inspire d'autant plus aisément qu'il n'admet pas le vide et qu'il est comme Descartes pour une physique du plein, mais d'un plein dont on peut dire qu'il est rempli de mouvements. Dès lors les deux problèmes essentiels qu'il s'agit de résoudre sont ceux de la composition et de la communication des mouvements.

« De la composition cinématique de deux ou plusieurs mouvements en un seul, dit Hannequin, une seule chose semble au premier abord distinguer le choc des corps : c'est que, dans ce dernier cas, la modification des mouvements concourant s'opère tout d'un coup et comme en un instant, tandis que dans le premier on regarde le mobile comme le point où concourent, pendant un temps fini, deux ou plusieurs mouvements, comme s'il ne cessait d'être animé à la fois de mouvements différents. Dans l'un comme dans l'autre cas, il s'agit donc toujours de mouvements qui concourent et dont il faut chercher comment ils se composent. »

La *Theoria motus abstracti* est donc en définitive un traité de la composition des *conatus* et les lois du choc, qui sont capitales pour une doctrine où tel est le mode unique d'échange du mouvement, se réduisent à des sommations algébriques de *conatus*. Il n'y intervient aucunement la masse des mobiles. On ne doit pas s'en étonner. Sans le mouvement le corps ne se distingue pas de la place qu'il occupe dans l'espace, sans vitesse le corps n'est rien. Il est parfaitement logique que la grandeur des corps soit sans importance et que toute puissance dans ce monde s'exprime dans le *conatus* et se mesure par la vitesse.

Si la doctrine est ainsi bien cohérente, elle a cependant une conséquence très fâcheuse. Il résulte des lois de composition que dans toutes les rencontres se produit une soustraction de vitesse. Considéré dans l'ensemble de l'Univers, le mouvement semble donc devoir se

1. Hannequin : *op. cit.*, p. 80-84.
2. Hannequin : *op. cit*, p. 87.

détruire de lui-même et le monde retourner au néant. Leibniz conscient de cette inéluctable conclusion [1] termine donc son premier essai de construction rationnelle sur un malaise fondamental.

Le système de Descartes ne connaît pas une telle infortune. En créant le monde, Dieu y met autant de mouvement que de repos et la quantité de mouvement se conserve de telle sorte que le monde poursuit son existence sans exiger le concours constant et régénérateur de la divinité. Il est donc essentiel à tout essai d'explication rationnelle du monde d'établir une loi de conservation universelle. C'est la leçon que Leibniz retiendra. Lorsque la longue chaîne des déductions logiques a été déroulée à partir de quelques principes simples, la découverte ou l'absence d'une conservation universelle constitue un critère crucial de vérité ou d'erreur pour l'ensemble du système.

Mais en arrivant à Paris en 1672, Leibniz n'en est pas encore à une vision aussi claire des choses. Il est avide de s'instruire et d'éprouver au contact de grands maîtres la solidité de quelques points fondamentaux de sa première analyse. Il n'est pas disposé à abandonner les exigences de sa raison. Face au cartésianisme pour lequel est intelligible ce que l'on voit clairement et qui donne en définitive le pas à l'intuition, le rationalisme leibnizien requiert une analyse exhaustive des conditions d'existence des concepts utilisés. Dans cette perspective, la rencontre avec Malebranche se solde par un échec. Il s'agit de savoir si l'espace est distinct de la matière. Leibniz a jusqu'ici adopté sur ce point la position cartésienne : la matière est identique à l'étendue. Mais il voudrait une preuve. Malebranche ne fait que l'esquisser. Un espace vide est inconcevable. La notion d'espace implique la distinction de parties constitutives, donc ces parties sont séparables, donc elles sont mobiles, donc elles sont matérielles. Leibniz n'est pas satifsait. « Il nous reste à prouver, dit-il à Malebranche, que deux êtres, tels que sont les parties de l'espace, n'ont pas de requisits. Chez moi, tout ce qui peut être produit a des requisits hors de lui, savoir ceux qui ont concouru à sa production. Or les parties de l'espace sont produites par le mouvement du corps qui le coupe, donc elles ont des requisits » [2]. Leibniz est donc obligé de

1. *Phoranomus* (1689) dans GERHARDT : *Archiv. der Gesch. der Phil.*, t. I, p. 575 et suiv; GERHARDT : *Die Phil. Sch. v. L.*, t. VII, p. 260.
2. Cf. Lettres I, II, III dans GERHARDT, *Phil. Schr. v. L.*, t. I, p. 315-361.

ne pas accorder que les parties de l'espace sont des êtres absolus. Leur idée n'est pas simple et la confrontation dont Leibniz attendait beaucoup sur le plan philosophique s'achève sur un malaise.

Il en est tout autrement sur le plan mathématique. De la rencontre de Huygens et des lectures faites sur ses conseils résultent, nous l'avons dit, une découverte et une illumination.

Leibniz découvre les principes de l'analyse infinitésimale. La géométrie de Cavalieri dont il s'était inspiré avait le grave inconvénient d'obliger pratiquement, dans la solution des problèmes, à un compromis délicat. Désormais Leibniz sait qu'il n'est pas nécessaire d'imaginer des indivisibles, même inétendus, pour soumettre au calcul le domaine de l'infiniment petit. L'étude des rapports et proportions, qui fait essentiellement des mathématiques la science des relations, s'applique aussi bien au domaine de l'infiniment petit qu'au domaine du fini. Moyennant quelques précautions, un moyen rationnel qui n'a rien de commun avec les procédés incorrects de Cavalieri est donc trouvé pour rendre raison de la genèse des réalités. L'intelligibilité de cette genèse n'exige plus que l'on s'embarrasse dans les difficultés du continu indéfiniment divisible et de l'existence des indivisibles inétendus. Leibniz devenu mathématicien peut conserver le mot de *conatus*, il n'a plus besoin dans l'usage mathématique de la notion de lui donner un corps, une existence réelle. Seule subsiste pour cet usage le rapport de l'espace et du temps infiniment petits, c'est-à-dire la vitesse du mouvement uniforme équivalent au mouvement considéré sur une durée infiniment petite. L'illumination, c'est donc qu'il n'est pas nécessaire d'avoir pris parti définitivement sur des questions difficiles du point de vue du philosophe pour calculer et calculer juste. Les mathématiques sont avec l'analyse infinitésimale un instrument de choix [1].

D'autre part, comme le dit Paul Mouy, Huygens, « s'il est cartésien même par ses insuffisances, ajoute pourtant à la physique cartésienne une mentalité de calculateur. Son effort part des principes cartésiens, mais il vise à formuler une loi générale qui s'exprime, sans hypothèses figuratives, sans modèles mécaniques, par une construction algébrique. Son but est de calculer, et si son calcul se traduit uniquement par une construction, non par des formules algébriques, c'est à cause de sa technique, ce n'est pas à cause de sa tournure d'esprit [2]». Cette tournure d'esprit convient donc parfaitement à

1. Cf. Brunschwigg : *Étapes de la philosophie mathématique* (Paris, Alcan, 1912), Section B : la géométrie des indivisibles et l'algorithme leibnizien.
2. Cf. Mouy : *op. cit.*, p. 200.

l'élève de classe que Huygens a rencontré en Leibniz, à un élève qui a si vite dépassé son maître sur le terrain de la technique mathématique. On comprend pourquoi Leibniz pourra rendre plus tard à Huygens l'honneur d'avoir « le premier purgé de tout paralogisme la doctrine du mouvement ». Grâce à la médiation de Huygens, Leibniz a non seulement découvert le secret de la puissance rationnelle des mathématiques, mais encore il s'est habitué à en envisager l'application à la science du mouvement.

Le séjour à Paris, les relations avec Huygens et Malebranche, la découverte du calcul infinitésimal sont donc des événements décisifs pour la pensée de Leibniz. On aurait tort de croire cependant qu'après l'échec de la rencontre philosophique avec Malebranche Leibniz va s'orienter résolument dans une perspective strictement et purement mathématique. Le philosophe ne perd chez lui aucun de ses droits.

Sans doute, et c'est très important, il a appris au contact de Huygens à accorder l'attention qui convient aux lois « que l'expérience fait connaître », à la notion de masse et à celle d'élasticité seules capables de mettre de l'ordre et de rendre compte des réalités observables. Mais il ne lui suffit pas de posséder désormais un matériel mental plus approprié et qu'il est d'ailleurs en mesure de perfectionner pour la traduction mathématique. Il faut encore que tout cela se combine avec les exigences de la métaphysique.

Dans le *Phoranomus* [1], écrit à Rome en 1689, Leibniz a expliqué lui-même le cours suivi par ses réflexions : « Lorsque je ne reconnaissais, dit-il, que la *juridictio imaginationis* à l'égard des choses matérielles, je pensais qu'on ne pouvait point admettre dans les corps d'inertie naturelle... Ne reconnaissant dans la matière que l'étendue et l'impénétrabilité, en d'autres termes que l'*impletio spatii*, ne comprenant rien d'autre dans le mouvement que la *mutatio spatii*, je voyais qu'entre un corps immobile et un corps en mouvement, la différence à chaque moment consistait en ce que le corps en mouvement possède un certain *conatus* ou tendance de commencement de parcours... je ne voyais pas comment un *conatus* peut être détruit dans la nature ou enlevé à un corps ». Sans doute voyait-il que par l'effet d'un *conatus* contraire une compensation peut s'établir et

1. *Phoranomus* (GERHARDT, *Archiv. der Gesch. der Phil.*, t. I, p. 572-580).

diminuer le mouvement, mais pour les lois de la communication des mouvements, il ne pouvait déduire du simple concept géométrique de corps « aucune raison pour exclure ou simplement limiter le *conatus* dans le corps qui devait le recevoir ». D'où une science purement cinétique, ne faisant aucun appel à la grandeur et à la masse des corps, manifestement contradictoire avec les résultats d'une science concrète. D'où l'impossibilité de rendre compte d'une résistance au mouvement qui est le résidu fondamental de l'expérience la plus grossière et la plus courante. D'où l'impuissance encore à imaginer dans un monde réduit à des concepts mathématiques un principe directif des actions mécaniques futures et dans ce principe un équilibre entre les pertes et les gains de mouvement. « Pour toutes ces raisons et bien d'autres encore, dit Leibniz, j'ai conclu que la nature de la matière ne nous était pas encore assez connue et que nous ne pouvions pas rendre compte de la force des corps si nous ne placions pas en eux autre chose que l'étendue et l'impénétrabilité. Les principes mécaniques et les lois du mouvement étaient issus, à mon avis, de la nécessité de la matière sans doute, mais toutefois d'un principe supérieur indépendant de l'intuition et des mathématiques ». Le dernier mot de ce débat où Leibniz est engagé par sa propre réflexion, c'est que « pour sortir du labyrinthe », il n'y a pas « d'autre fil d'Ariane que *l'évaluation* des forces, sous la supposition *du principe métaphysique* que l'effet total est toujours égal à la cause pleine ». Le salut n'est possible que dans une analyse mathématique informée, dirigée, enrichie dans son objet, par la métaphysique.

Il n'y a pas d'analyse mathématique sans coordination des notions et des symboles. Leibniz trouve en face de lui le mode de coordination masse-vitesse par le produit appelé quantité de mouvement. Les cartésiens de stricte obédience ne sont pas les seuls à l'utiliser. Dans une physique qui ignore l'infiniment petit et qui ne connaît que des variations finies, le passage instantané du repos au mouvement ou d'un degré de mouvement à un autre degré de mouvement semble naturellement devoir se caractériser par la double proportionnalité à la quantité de matière et à la vitesse gagnée. Quoi de plus naturel aussi que l'équivalence (m, $2v$) et ($2m$, v), que l'on traduira en disant que s'il faut une force double pour donner une vitesse v au corps de masse $2\,m$, il suffit de cette même force pour donner au corps de masse m la vitesse $2\,v$. Descartes, il est vrai, et nous aurons l'occasion de le dire plus complètement, prenait plus de précautions et ne souscrivait pas en particulier à cette duplication simultanée de la force et de la vitesse. Mais en léguant à la postérité une conception de la vitesse privée de l'infiniment petit jointe au principe de la conservation universelle de la quantité de mouvement, il a pris la responsabilité de l'identification du produit *mv* avec la mesure du principe dynamique ou de la force.

Pour Leibniz au contraire, l'idée d'une transmission instantanée du mouvement est absolument exclue. Il y a toujours production ou communication progressive et continue, encore qu'elles puissent être plus ou moins rapides, et une variation finie de vitesse exige un temps fini par où se manifeste une résistance de la matière au phénomène du mouvement. La notion de masse est nécessaire pour assurer la variation continue de la vitesse et l'analyse du mouvement fini comme sommation progressive de *conatus* avertit qu'il est à priori impossible de trouver le principe dynamique de ce mouvement fini dans une proportionnalité simple [1].

Leibniz sait d'autre part, pour l'avoir appris dans Huygens depuis longtemps, que la quantité de mouvement au sens cartésien (où la vitesse n'est considérée que dans sa grandeur, sans tenir compte ni du sens ni de la direction) ne se conserve pas dans le phénomène du choc, mais seulement la quantité de mouvement algébrique. Il a appris aussi le rôle de l'élasticité pour parvenir à expliciter les vraies lois du choc, il a appris enfin la conservation de mv^2. Il a donc en main les éléments d'un nouveau système.

Ce qui caractérise ce système, c'est que l'adjonction à l'étendue de la notion de masse ne suffit même pas à rendre raison des actions mécaniques et du mouvement. Il y faut encore la notion de force et celle-ci est une réalité dynamique et distincte. Elle ne dérive pas du jeu mathématique, elle est une notion première. Sa mesure ne dépend pas d'une analyse mathématique, elle est à découvrir réellement dans ce que la nature nous livre [2].

Dans cette perspective, l'idée, que Leibniz avait déjà soutenue, d'une élasticité universelle, prend une valeur nouvelle et s'inscrit encore contre la thèse cartésienne. En vertu du principe de continuité, on doit concevoir en effet dans le choc de deux corps une perte graduelle et une restauration également graduelle, mais très rapides, de mouvement. Ceci s'explique aisément par une élasticité, ou force intrinsèque conservatrice. Le monde des corps géométriques, par-

1. Cf. M. Gueroult : *op. cit.*, p. 44-45.
2. Cf. *infra*, p. 42, 91-92

faitement durs et homogènes, de la mécanique cartésienne est donc remplacé par un univers où règne avec le mouvement générateur de la matière elle-même l'élasticité garante de conservation. Et en définitive c'est la force (vive) qui se conserve et non la quantité de mouvement [1].

Le texte capital qui ouvre l'offensive proprement dite de Leibniz contre la mécanique cartésienne est la *Brevis Demonstratio...* publiée dans les *Acta Eruditorum* en 1686. La controverse qui s'ensuivit et sur laquelle nous allons avoir à nous étendre longuement se présente à la fois comme une réfutation par l'absurde du principe de la conservation de la quantité de mouvement et comme une critique par défaut des principes cartésiens. Notamment, ce que n'avait pas compris Huygens [2], et ce dont Leibniz essaie de convaincre Malebranche, si les lois cartésiennes du choc sont *irrémédiablement* fausses, c'est qu'elles violent le principe de continuité [3]. A un changement infinitésimal dans les données, elles font parfois correspondre des aspects totalement différents du phénomène. Ce qui est inadmissible.

Mais il est plus aisé de suivre une démonstration par l'absurde que de saisir l'enjeu du débat qu'elle représente. Pour comprendre la démonstration et la réduction de l'adversaire il suffit d'un peu de patience et d'attention. L'enjeu du débat, lui, exige cette vision d'ensemble que nous avons essayé de dégager et il concerne quelque chose de grand : un rationalisme en quête de principes suffisants pour un système du monde.

L'analyse infinitésimale et le réalisme de la force en sont la structure. Il reste à voir dans le détail de textes à objectifs limités, comme ceux que nous étudions ici, comment la cohérence d'une pensée est mise concrètement à l'épreuve dans l'histoire.

1. Cf. M. Guéroult : *op. cit.*, p. 45; A. Hannequin, *op. cit.*, p. 123-124.

2. Pour Huygens, les lois cartésiennes du choc sont fausses, mais d'un point de vue de calculateur qui ne va pas au fond des choses. — Lettre de Huygens à Leibniz, 11 juillet 1692. Gerhardt : *Briefw. v. L. mit Math.*, t. I, p. 699.

Cf. aussi Pierre Costabel : *La septième règle du choc élastique de Christian Huygens* dans *Revue d'Histoire des Sciences*, t. X, fasc. 2 (1957), p. 120.

3. *Nouvelles de la République des Lettres*, février 1687, p. 139.

I

DE L'HISTOIRE D'UNE DÉCOUVERTE A LA DÉCOUVERTE DE L'HISTOIRE

Découverte de deux manuscrits leibniziens

Le registre n° 13 des procès-verbaux manuscrits de l'Académie Royale des Sciences de Paris mentionne sans aucun autre détail que le mercredi 26 mars 1692, M. de La Hire a proposé un écrit de « M. Leibniz » et « quelques difficultés qu'il éclaircira au premier jour », et que le samedi 28 juin de la même année, M. de la Hire a donné lecture des « Élémens dynamiques de M. Leibniz avec ses remarques ».

Notre attention avait été attirée depuis longtemps sur l'intérêt que pouvait présenter le texte leibnizien lu par La Hire à l'Académie, mais, les registres de compte-rendus manuscrits et les publications de l'Histoire et des Mémoires de l'Académie ne contenant aucune trace à ce sujet, nous avions dû conclure à l'impossibilité de mettre à profit les indications si brèves qui viennent d'être relevées.

En feuilletant pour une autre recherche les liasses de papiers divers, anonymes et non classés, des Archives de l'Académie, nous avons découvert, au début de février de l'année 1956, un cahier de quatorze pages (19 × 28) contenant à l'intérieur une page séparée de la même dimension, qui modifie complètement la situation précédente.

Les douze premières pages du cahier, écrites recto-verso, numérotées, donnent la copie d'un texte de Leibniz envoyé à Pelisson le 8 janvier 1692 et publié par A. Foucher de Careil dans l'appendice de sa 3e édition des Lettres de Leibniz en 1859 [1] sous le titre *Essay*

1. C'est grâce aux indications fournies par M. le Professeur J.-E. Hoffmann que nous avons pu aboutir rapidement à cette identification. Il s'agit ici du tome I des *Œuvres de Leibniz,* publiées par Foucher de Careil de 1859 à 1875. Ce tome a eu une réédition en 1867. Le nom du correspondant de Leibniz s'écrit aujourd'hui, selon un accord devenu unanime : Pellisson.

de Dynamique. Le cahier ne porte ni titre, ni indication d'auteur, ni signature. Mais avant même d'avoir constaté l'identité du texte avec celui de l'*Essay de Dynamique*, nous n'avions eu aucune peine à en découvrir l'auteur. Les grands thèmes de la controverse ouverte par Leibniz avec les cartésiens en 1686 [1], les expressions typiquement leibniziennes s'y retrouvent avec une netteté qui ne permet à priori aucun doute. D'autre part la page séparée, ci-dessus mentionnée, insérée dans le cahier entre les pages 2 et 3, ajoutait encore des arguments non négligeables à l'identification. Écrite recto-verso de la même main que le cahier, cette page reproduit avec des variantes un texte publié dans le *Journal des Sçavans* du 7 septembre 1693 sous le titre *Règle générale de la Composition des mouvemens par M. d. L.* Ce titre est effectivement placé en tête de la copie qui nous occupe. Que cette copie ait été faite dans les mêmes conditions que le cahier où elle était insérée et qu'elle ait suivi son sort, l'examen par transparence le montre surabondamment. Même filigrane, même état du papier et en particulier mêmes traces d'humidité. Enfin la critique interne ne permet pas de reculer la date de rédaction au-delà de décembre 1692-janvier 1693.

Ainsi nous ne pouvions nous méprendre sur l'origine des deux manuscrits. L'écriture n'étant pas celle de Leibniz, il s'agissait de la copie de deux textes de cet auteur de la période 1692-1693.

Or le texte du cahier se présente comme une mise au point didactique. Il débute par trois définitions, accompagnées de scholies, et suivies de deux axiomes et de deux « demandes », et comprend ensuite neuf propositions avec leurs démonstrations. La forme même de cette rédaction mérite bien le nom d'« Élémens ». Enfin les quatre dernières pages, où la marque leibnizienne est encore plus accusée, s'il se peut, sont intitulées « Remarques ». Il ne paraît donc pas douteux que le contenu du cahier constitue ce dont La Hire a donné lecture à l'Académie le 28 juin 1692.

Identification du copiste. Physionomie de Des Billettes

Notre étude aurait été incomplète si nous n'avions pas eu la bonne fortune de pouvoir aisément identifier le copiste des deux manuscrits. Or le registre n° 13 déjà cité des procès-verbaux de l'Académie contient à la fin un cahier manuscrit qui est écrit de la

1. *Acta Eruditorum,* mars 1686. — *Nouvelles de la République des Lettres,* 1686-1687.

même main que nos documents. Ce cahier donne les compte-rendus des séances tenues de 1692 à 1696 par la commission désignée par l'Académie pour préparer la publication d'une description universelle des Arts et Métiers, et le secrétaire de cette commission, auteur des compte-rendus, est M. des Billettes [1].

« Il était fort versé dans l'Histoire, les généalogies des grandes familles de France, même dans la connaissance des livres qui fait une science à part », dit Fontenelle dans son éloge de Des Billettes. Et il ajoute : « surtout, il possédait le détail des Arts, ce prodigieux nombre d'industries singulières inconnues à tous ceux qui ne les exercent pas, nullement observées par ceux qui les exercent, négligées par les savants les plus universels... Comme l'Académie avait conçu le dessein d'en faire la description, elle crut que Des Billettes lui était nécessaire et elle le choisit pour être un de ses pensionnaires mécaniciens, à son renouvellement en 1699 ». On voit que la tradition de Fontenelle n'est pas assez précise puisque c'est dès 1692 que Des Billettes reçut de l'Académie cette mission de confiance relativement aux Arts et Métiers. Par contre le portrait du personnage donné par le prestigieux secrétaire perpétuel de l'Académie apparaît très exact. La bibliothèque de l'Institut de France contient dans ses manuscrits, sous le n° 1557, un registre du « dépôt de l'Académie Royale des Sciences au Louvre » intitulé « *Adversaria de rebus probatis, pour les Sciences et pour les Arts* », entièrement écrit par Des Billettes et qui est le recueil le plus hétéroclite qui se puisse concevoir de recettes diverses : pharmacie, médecine, art culinaire, travail des métaux, etc. Des Billettes paraît donc bien avoir été un de ces esprits curieux de toutes choses, animé de la passion du collectionneur, glanant un peu partout les informations les plus variées, bref un homme que Leibniz, ami des antiquaires [2] et avide de toutes les curiosités de sciences, devait avoir rencontré sur sa route.

A en croire Fontenelle qui rapporte à ce sujet une curieuse anecdote, Des Billettes était aussi d'une extrême modestie et apportait jusque dans des détails infimes de son comportement le souci du bien commun de l'humanité. Ce trait de caractère, tout à l'honneur

1. Gilles Filleau des Billettes, né à Poitiers en 1634, pensionnaire mécanicien de l'Académie (premier titulaire) le 28 janvier 1699, pensionnaire vétéran le 21 août 1715, mort à Paris le 15 août 1720 (cf. FONTENELLE, *Éloges*, t. II, p. 60-62).

2. Citons simplement, sur ce sujet bien connu, un témoignage de la période qui nous occupe ici. Il est fourni par le post-scriptum de la lettre de Malebranche à Leibniz du 8 décembre 1692 et se réfère à M. Toinard, antiquaire à Orléans, avec lequel Leibniz était en relations assez fréquentes pour utiliser son intermédiaire dans sa correspondance avec la France (*Journal des Savants*, 1844, p. 545).

de son possesseur, était bien lui aussi de nature à attirer l'attention de Leibniz.

De fait, la correspondance de Malebranche avec Leibniz en 1679 montre que Leibniz avait fait la connaissance de Des Billettes lors de son séjour à Paris de 1672 à 1676 et qu'il avait conservé pour lui une réelle sympathie. Le fait que Des Billettes était attaché à la personne du duc de Roannez [1] n'était pas indifférent à cette rencontre, mais n'expliquerait pas à lui seul les sentiments exprimés par Leibniz lui-même.

Le 22 juin 1679, il écrivait en effet à Malebranche : « Si M. des Billettes est à Paris, et si vous le voyez, ayez la bonté, Monsieur, je vous prie, de lui témoigner que sa maladie m'a affligé. J'espère qu'elle sera passée et je souhaite qu'elle ne revienne pas. Car le public doit s'intéresser dans la conservation des personnes qui lui peuvent être aussi utiles que lui » [2].

Ce brevet d'utilité, délivré par Leibniz à celui dont nous venons de découvrir qu'il était le copiste des textes mécaniques de 1692, a quelque chose d'émouvant. Rien de ce que Des Billettes avait amassé sur les nombreux papiers couverts de son écriture claire, fine et distinguée n'a été publié. Et s'il a été utile au public, comme le dit Leibniz, c'est sans doute pour avoir été de ces travailleurs un peu effacés et modestes qui usent leurs forces au service des autres.

Un passage du registre *Adversaria de rebus probatis*, cité plus haut, achève le portrait de ce scrupuleux copiste. On lit en effet à la page 144 : « j'en étais à cet endroit lorsqu'on m'a appris qu'il y a un mémoire imprimé pareil à celui dont j'ai commencé l'extrait » et la copie s'arrête là. Des Billettes était donc soucieux de ne pas encombrer les Archives de l'Académie de copies de textes publiés par ailleurs. S'il a exercé son activité de copiste sur les *Élémens dynamiques* de Leibniz, on peut être assuré à priori qu'il ne l'a fait qu'en raison du caractère rare de ce texte.

Mais il se trouve que nous ne sommes pas réduits à de simples conjectures quant aux circonstances et aux motifs de l'exécution de cette copie. Pour rendre aux données relatives à ces circonstances et à ces motifs toute leur portée, il est cependant nécessaire, avant de poursuivre, d'élargir les perspectives et d'essayer de restituer le cadre dans lequel s'insèrent naturellement les textes découverts, c'est-à-dire l'histoire de la lutte de Leibniz contre la mécanique cartésienne.

1. Cf. *Journal des Savants* (1844), p. 500. Note de V. Cousin. C'est par le duc de Roannez que Leibniz eut en main les *Pensées* de Pascal.
2. Cf. *Journal des Savants*, 1844, p. 507.

Leibniz et la dynamique

Leibniz avait annoncé dès 1690 qu'il donnerait une dynamique [1], et l'on sait par sa correspondance qu'ayant commencé une « mise en ordre » de ses idées à Rome en 1689 [2], à la suite de discussions avec Auzout, membre influent de l'Académie Royale des Sciences de Paris, il laissa son manuscrit à son compatriote von Bodenhausen en traversant Florence pour regagner Hanovre. La raison de ce dépôt est que Bodenhausen, précepteur du duc de Toscane et mathématicien, se chargea de « débrouiller le texte », de « le mettre au net et même de le publier ». « Je n'ai qu'à y envoyer la fin, ajoutait Leibniz à Foucher (mai 1692) [3], mais toutes les fois que j'y pense, il me vient une foule de nouveautés que je n'ai pas encore eu le loisir de digérer ». La situation était la même en 1696, d'après la lettre du 8 mars à Jean Bernoulli, c'est-à-dire que Leibniz ne se décidait pas encore à cette date à écrire la fin du traité confié à Bodenhausen en vue d'une publication. Il continuait à être partagé entre la difficulté d'exprimer tout ce qu'il avait en tête sur le sujet et le désir d'être aussi exhaustif que possible.

Cependant pressé par ses amis, il consentit à « mettre quelque chose » de ses « méditations dynamiques » dans les *Acta Eruditorum* d'avril 1695 [4]. C'était une première partie, qui devait être suivie d'une seconde, en mai de la même année. Cette seconde partie ne fut pourtant jamais publiée. Retrouvée dans les manuscrits de Hanovre, elle a pris place, à la suite de la première partie, dans le tome VI des *Leibnizens mathematische Schriften* de Gerhardt et l'ensemble constitue sous le titre de *Specimen Dynamicum* un petit

1. *Acta Eruditorum*, mai 1690.

2. *a.* Lettre de Leibniz à Huygens, 15/25 juillet 1690 (*Der Briefwechsel von G. W. Leibniz mit Mathematikern*, éd. Gerhardt, t. I, p. 594) : « Il n'y a que cinq ou six semaines que je suis de retour à Hanovre d'un voyage de deux ans et plus, pendant lequel j'ai parcouru une bonne partie de l'Allemagne et de l'Italie pour chercher des monuments historiques par ordre de Mgr. le Duc. J'ai trouvé bien peu de personnes avec qui on puisse parler de ce qui passe l'ordinaire en physique et en mathématiques. M. Auzout que j'ai trouvé à Rome nous promet une nouvelle édition de Vitruve ».

b. Lettre de Leibniz à Jean Bernoulli, 8-18 mars 1696 (*Die philosophischen Schriften von G. W. Leibniz*, éd. Gerhardt, t. IV, p. 412 et note 2). D'après cette lettre, c'est à la suite des discussions avec Auzout que Leibniz commença à rédiger à Rome un libelle « in ordinem », où étaient démontrés « toutes ces choses, de la force tant absolue que directive et du progrès conservé du centre de gravité ». Il laissa le manuscrit inachevé à Bodenhausen, « in mathematicis egregio » en traversant Florence.

3. *Journal des Sçavans* (2 juin 1692). — Le 31 décembre 1691 Foucher avait écrit à Leibniz : « Mr. Thevenot est fâché de ce que vous ne nous avez pas fait part de votre mécanique que vous avez laissée à Florence ». (Cf. *Lettres et opuscules inédits de Leibniz*, éd. Foucher de Careil, 1854, p. 87).

4. Lettre de Leibniz à Burnet, 11-21 juin 1695 (Dutens, t. VI, p. 224).

traité qui donne un état assez achevé de la pensée de Leibniz en dynamique. Le texte mis au net par Bodenhausen, renvoyé à Leibniz après la mort de son rédacteur, est par contre resté inédit. Leibniz n'y mit jamais la dernière main.

« Le plus nécessaire est connu et ce qui est plus profond ne peut servir qu'aux esprits choisis. Margaritae non sunt objiciendae porcis. » Sans doute, en s'exprimant ainsi dans sa lettre à Burnet du 8 mars 1695, Leibniz visait la diffusion de sa pensée sur les questions théologiques, mais il est bien clair que s'il lui fallait être plus réservé sur cette matière, toute réserve n'était pas non plus exclue à propos de la dynamique. C'est qu'il y avait des résistances redoutables à investir et à vaincre, si possible, et particulièrement en France.

Gerhardt a publié dans son tome VI un *Essay de dynamique* de rédaction tardive puisqu'il y est fait allusion à la conversion de Malebranche, qui date de 1698, et dont le passage suivant est bien caractéristique [1]. « Il y a déjà longtemps, dit Leibniz, que j'ai corrigé et redressé cette doctrine de la conservation de la quantité de mouvement et que j'ai mis à sa place la conservation de quelque autre chose d'absolu, mais justement de cette chose qu'il fallait, c'est-à-dire la conservation de la force absolue. Il est vrai que communément, on ne paraît pas être assez entré dans mes raisons, ni avoir compris la beauté de ce que j'ai observé, comme je remarque dans tout ce qui a été écrit en France ou ailleurs sur les lois du mouvement et la mécanique, même après ce que j'ai écrit sur les Dynamiques. Mais comme quelques-uns des plus profonds mathématiciens, après bien des contestations, se sont rendus à mon sentiment, je me promets avec le temps l'approbation générale. » Si l'aube des jours meilleurs pour la pensée de Leibniz ne s'est levée, selon son propre sentiment, qu'après la conversion de Malebranche, on peut penser qu'au début de la dernière décade du siècle, l'entreprise d'une publication contre la mécanique cartésienne devait lui apparaître comme très hasardeuse. Il ne pouvait se permettre aucun faux pas, il lui fallait aussi, après les controverses avec Malebranche et Catelan, préparer l'opinion.

Données de la correspondance Leibniz-Pelisson

On ne s'étonnera donc pas des considérants qui accompagnent l'envoi à Pelisson le 8/18 janvier 1692 de l'*Essay de Dynamique* [2].

1. *Leibnizens math. Schriften,* éd. Gerhardt, t. VI, p. 215 et suiv.
2. A. Foucher de Careil : *Œuvres de Leibniz...,* t. I (1859), p. 237 et suiv.

« ...Puisque vous avez dessein, Monsieur, de faire en sorte que la matière soit approfondie et que le public même puisse en juger, j'ai cru qu'il serait à propos de mettre mes pensées sur ce sujet en meilleur ordre, c'est ce que j'ai voulu faire dans l'essay ci-joint de la dynamique, où j'ai pris la chose d'un peu plus haut que je n'avais fait dans les papiers qui avaient servi à la contestation. Je l'ai fait d'autant plus volontiers que j'ai pu mieux connaître par la contestation même les préjugés capables d'abuser. *Il entrera bien d'autres choses dans ma dynamique*, tant pour expliquer le tout *a priori*, que pour en montrer l'usage et l'application à la solution des cas particuliers, mais je n'en ai pris que ce qui me paraît le plus aisé et convenable au dessein d'expliquer le principe général de la conservation de la force absolue. *Je voudrais que cet essay pût être examiné par le R. P. Malebranche lui-même. Car peut-être y donnerait-il les mains* d'autant qu'il a donné déjà en cette matière des marques d'ingénuité, ou bien il donnerait des exceptions sur lesquelles le procès pourrait être mieux instruit. *Après cela, on en laisserait juger les personnes habiles et peut-être même quelques-uns de l'Académie Royale des Sciences.* Cette célèbre Compagnie est bien changée depuis que je suis sorti de France... Ainsi je ne crois d'y connaître que MM. Thevenot, Cassini, M. l'abbé Gallois et M. du Hamel..., M. Dodart et M. de La Hire me sont connus de réputation. »

On ne saurait désirer de témoignage direct plus clair et plus explicite. L'*Essay* adressé à Pelisson n'est qu'une tentative, réduite à l'essentiel, de gagner la faveur des savants français. Il entrera bien d'autres choses dans le traité complet de dynamique dont le projet demeure, mais il faut d'abord entamer les résistances qui se sont manifestées. Si le R. P. Malebranche consentait à examiner le mémoire, « peut-être » se rendrait-il et l'on sent combien ce « peut-être » est chargé d'espoir. Il faudrait aussi atteindre quelques « personnes habiles » et des membres de l'Académie.

Dans une réponse du 19 février 1692 [1], Pelisson souligne que très content de l'*Essay de Dynamique* il en fait faire une copie, et que M. Dodart a porté l'original du *premier fragment* à l'Académie. Il ajoute que M. Pirot en a également une copie. Notre découverte confirme ces données. Le manuscrit de Des Billettes appartient à un groupe de copies grâce auxquelles l'investissement de la résistance parisienne pouvait se réaliser selon le vœu de Leibniz.

Avant de poursuivre l'étude du sort réservé à cette tentative,

1. A. Foucher de Careil : *Op. cit.*, p. 244.

il importe de souligner quelques détails. Pelisson n'avait pas reçu l'original, le manuscrit proprement autographe, de l'*Essay de Dynamique*. Ce manuscrit, qui se trouve encore à Hanovre, Leibniz en avait fait faire une copie pour l'envoi en France. Nous le savons par une lettre non datée qui doit être de la fin du mois de janvier 1692 [1]. « Jetant les yeux sur mon brouillon de l'*Essay de Dynamique*, je me suis aperçu de n'y avoir point suppléé la figure pour laquelle la copiste avait laissé une place vide. C'est pourquoi je vous l'envoie présentement. Cela me fit encore souvenir de la cause de cette omission. C'est que j'avais relu le commencement de la copie et avais oublié d'en lire le reste, ayant été distrait et le temps de la dépêche étant venu, je ne m'étais point souvenu de ce manquement. Cela est donc cause d'une faute qui se trouvera dans la copie et que je vous supplie de faire corriger, Monsieur. C'est que dans le dernier Scholie, il y a une proposition insérée, marquée par une ligne avec dessous, qui commence « deux corps se choquant directement..., etc. » je trouve qu'au lieu de « *la raison des vitesses avant le choc est réciproque de la raison des vitesses après le choc*, il faut mettre, « *la différence des vitesses avant le choc est égale à la différence réciproque des vitesses après le choc.* »

Le manuscrit autographe de Hanovre comporte de nombreuses corrections et ratures; la phrase à laquelle se réfère la remarque précédente fait partie d'une addition marginale et il est aisé, malgré la difficulté de lecture, de constater que Leibniz avait en effet écrit d'abord « la raison des vitesses, etc. » et qu'il a corrigé ensuite pour mettre « la différence des vitesses, etc. » éliminant ainsi une erreur assez considérable.

Au dos de la réponse de Pelisson à l'envoi de Leibniz du 18 janvier, réponse qui porte la date du 27 janvier, on lit des notes manuscrites de Leibniz qui constituent le brouillon d'une nouvelle lettre. « Voici la figure que j'avais oubliée de joindre à ma précédente avec une correction de mon *Essay de Dynamique.* »

Enfin dans sa lettre du 19 février, déjà citée, Pelisson en accusant réception d'une lettre de Leibniz du 4 février précise qu'il avait remarqué l'absence de figure dans l'*Essay de Dynamique*, mais qu'il a été surpris de ne trouver avec cette dernière lettre de Leibniz ni la figure, ni la correction dont il avait parlé. Il envisage deux hypothèses : ou bien Leibniz a oublié de mettre tout cela dans l'enveloppe, ou bien lui, Pelisson, l'a brûlé par mégarde avec l'enve-

1. Les documents utilisés ici font partie des inédits des manuscrits de Hanovre LBH I 19, fol. 374-817. Le manuscrit original de l'*Essay* est joint à la première lettre de L Br Pellisson no. 719.

loppe. On voit que les documents que nous possédons laissent subsister une certaine obscurité. Ce qui est sûr, c'est que Leibniz a laissé partir à l'adresse de Pelisson une copie de l'*Essay de Dynamique* sans figure et contenant une erreur grave, non seulement en soi, mais encore par rapport à un principe qu'il devait affirmer peu de temps après comme fondamental : celui de la conservation de la vitesse respective dans le problème du choc. Il a donc eu très vite la préoccupation d'apporter les corrections nécessaires. Par suite de quelles vicissitudes de la correspondance les corrections n'étaient-elles pas encore entre les mains de Pelisson le 19 février, c'est ce qu'il est difficile de savoir. Cependant comme la copie de Des Billettes comporte à la fois la figure du manuscrit autographe de Leibniz et le texte exact de l'addition relative au choc de deux corps, il est certain d'une part que Pelisson a fini par recevoir les corrections désirées par Leibniz et d'autre part que Des Billettes a travaillé sur des documents mis au point pour le but poursuivi.

Ajoutons encore une remarque. Cette histoire témoigne de la rapidité avec laquelle Leibniz était obligé de travailler. Il n'avait pas le temps de revoir avec soin les copies qu'il faisait établir, il était pressé par l'envoi des courriers et au milieu de l'abondance de sa correspondance, ou bien il n'envoyait pas toujours ce qu'il avait eu l'intention d'écrire, ou bien il commettait des oublis et des erreurs [1].

Il convient maintenant de reprendre le fil de notre recherche : comment le dessein que se proposait Leibniz dans son envoi à Pelisson a-t-il été réalisé?

Circonstances et motifs de l'exécution des copies

Le 19 février 1692 [2] Pelisson écrivait à Leibniz : « Je n'ai point d'habitude avec le P. Malebranche, mais lui ferai communiquer votre écrit... car je conviens avec vous que son consentement et sa confession éclairciraient fort la vérité et que sa résistance même y pourra contribuer. » Le 10 avril 1692 [3] il annonçait encore à son illustre correspondant la communication à Messieurs de l'Académie par les soins de M. Annisson, directeur de l'Imprimerie Royale, de

1. Cf. les notes du texte publié en annexe, p. 100-102. Nous avons déjà eu l'occasion de relever une erreur de Leibniz de même origine (cf. Pierre Costabel, *Deux inédits de la correspondance indirecte Leibniz-Reyneau* dans *Revue d'Histoire des Sciences*, t. II (1949), p. 329 et 332.

2. A. Foucher de Careil : *Op. cit.*, t. I, p. 245.

3. Manuscrits de Hanovre HS Théologie I, XIX, 7, f° 621.

six exemplaires de son livre [1] sur la Tolérance des Religions « afin qu'ils y puissent voir dans les additions ce que vous m'avez fait l'honneur de m'écrire sur la doctrine de Descartes et qu'ils se préparent par là à voir vos *Elemens de la Dynamique*, leur disant que je les fais mettre en grand et beau caractère, parce que vous m'avez ordonné de les exposer à leur jugement ». Il ajoutait : « Je les ferai communiquer au Père de Malebranche par un de mes amis qui est le sien. C'est celui que j'ai employé pour les traductions françaises qui sont dans ce volume et dans les précédents, nommé M. des Billettes, qui dit vous avoir vu et connu à Paris et parle de vous avec toute l'estime qu'il doit. Je ne sais si vous vous en souviendrez. »

Une note marginale de Leibniz sur la lettre de Pelisson indique qu'il a eu au moins aussitôt l'intention d'écrire à Des Billettes. Il n'est pas possible de savoir s'il est passé à exécution. La première lettre de Des Billettes à Leibniz que nous avons pu atteindre, datée du 16 novembre 1692 [2], est une réponse à une lettre de Leibniz, envoyée au début ou dans le courant de l'été. Elle confirme une lettre de Leibniz à Pelisson, du 18-28 octobre : « Permettez aussi, Monsieur que je prenne la liberté de vous demander des nouvelles de M. des Billettes à qui j'avais fait quelques demandes en matière de curiosités des sciences pour ne lui pas écrire une lettre vide. » Des Billettes s'excuse le 16 novembre de son retard à répondre à ces demandes en matière de curiosités, mais ne dit pas un mot de l'*Essay de Dynamique*. La question appartenait-elle déjà au passé, ou bien Leibniz était-il d'une extrême prudence dans sa *captatio benevolentiae*. Il est certain que son expression « pour ne lui pas écrire une lettre vide » reste assez curieuse et appellerait, s'il était possible, d'autres éclaircissements.

En mai 1692 [3], Pelisson indiquait qu'il n'avait pas encore donné les *Elemens de Dynamique* à Messieurs de l'Académie. « Je veux, disait-il, qu'ils les désirent un peu davantage, comme je crois qu'ils le feront après ce qui en a été publié tant dans notre livre que dans le *Journal des Sçavans* ». Et c'est seulement le 29 juin 1692 [4] qu'il affirmait : « J'ai fait copier en grand et beau caractère votre traité de la Dynamique. Je l'ai mis entre les mains de M. l'abbé Bignon qui doit le présenter à l'Académie des Sciences. Mais c'est depuis peu de jours seulement que je le lui ai remis et je n'en ai pas encore de

1. *De la Tolérance des Religions*, Lettres de M. Leibniz et réponses de M. Pelisson ou 4e partie des Réflexions sur les différents de la Religion, Paris, Anisson, 1692.
2. Cette lettre et la suivante appartiennent aux manuscrits inédits de Hanovre.
3. A. Foucher de Careil : *Op. cit.*, t. I, p. 285.
4. A. Foucher de Careil : *Op. cit.*, t. I, p. 287.

réponse... Je n'ai pas cru devoir encore communiquer ce Traité au Père de Malebranche. Je le ferai maintenant incessamment et ce sera par M. des Billettes même qui est un de ses amis. » Enfin le 19 octobre 1692[1] Pelisson écrivait : « ... je commence par votre Dynamique. J'en ai fait faire deux copies au net, l'une pour l'Académie des Sciences qui lui demeurera, l'autre pour communiquer au Père de Malebranche, mais s'étant trouvé absent pendant quelques mois, j'ai mis cette seconde copie entre les mains de M. de La Loubère, votre ami et le mien, qui ne me l'a pas encore rendue.... »

Rassemblons les données de cette correspondance. Pelisson qui n'était pas en relations directes avec Malebranche a pensé à Des Billettes pour assurer la liaison. Nous ne croyons pas cependant que la copie que nous avons découverte doive être identifiée avec la copie « en grand et beau caractère » annoncée par Pelisson et remise entre les mains de l'abbé Bignon en juin 1692. L'écriture de Des Billettes, nous l'avons souligné, est une écriture élégante et nette, mais elle n'a rien de commun avec celle des copies en « grand et beau caractère » qui existent encore dans les archives de l'Académie pour certains mémoires des années qui nous occupent (1692-1693). Peu importe d'ailleurs. Le fait positif, à savoir que Des Billettes se trouvait chargé par Pelisson (au moins en intention) de servir d'intermédiaire avec Malebranche, suffit à fixer l'origine de notre manuscrit. Pelisson ne peut pas ne pas avoir parlé à Des Billettes de son projet. Des Billettes est entré en correspondance avec Leibniz. Tout concourt en faveur d'une intégration de Des Billettes dans la réalisation du plan d'attaque de Leibniz.

Ce qui nous empêche d'être plus catégorique, c'est qu'il ressort des textes que nous venons de rassembler une attitude quelque peu curieuse de Pelisson. D'une manière générale, il semble avoir joué dans l'affaire qui lui était confiée par Leibniz un rôle de temporisateur, remettant en fait à plusieurs reprises l'exécution des transmissions annoncées soit à l'Académie, soit à Malebranche. Il a attendu que ce dernier soit absent de Paris, d'après la lettre du 19 octobre, pour se préoccuper sérieusement de la copie qui lui était destinée. Il paraît difficile d'admettre que Des Billettes ait reçu de Pelisson au sujet de l'*Essay de Dynamique* une mission précise et nette visant le P. Malebranche.

1. Manuscrits de Hanovre HS Théologie I, XIX, 7, f° 574. A. Foucher de Careil : *Op. cit.*, t. I, p. 322.

Échec de la tentative visant le P. Malebranche

Celui-ci fut-il atteint, en définitive? Cela apparaît peu probable. La copie qu'il devait recevoir était entre les mains de la Loubère à la fin d'octobre 1692 et Malebranche n'était pas rentré à Paris à ce moment. Son traité des *Lois de la communication des mouvements*, paru quelques mois plus tôt, venait d'être envoyé le 6 octobre [1] à Leibniz par l'intermédiaire de Toinard. Les manuscrits du fonds Leibniz de Hanovre contiennent encore l'exemplaire de ce traité avec les notes marginales de Leibniz [2]. Il est clair que celui-ci n'a pas été satisfait, bien que Malebranche ait avoué ce qu'il lui devait. Il a rédigé aussitôt une série de « Remarques » qu'il a fait tenir à Malebranche par l'intermédiaire de Toinard et Larroque, certainement au mois de novembre [3] et c'est à ses « Remarques » que Malebranche répond le 8 décembre [4] en reprenant ainsi avec Leibniz une correspondance directe interrompue pendant plusieurs années. Cette lettre de Malebranche ne fait aucune allusion ni à l'existence, ni à la substance de l'*Essay de Dynamique*. Enfin dans la réponse à cette même lettre, réponse qui ne peut être située qu'au début de 1693 [5], Leibniz reprend sous une forme à peine différente l'argument principal de l'*Essay :* « Il n'arrivera jamais que la nature substitue un état à la place d'un autre, s'ils ne sont d'une force égale. Et si l'état L se peut substituer à la place de l'état M, il faut que réciproquement l'état M se puisse substituer à la place de l'état L, sans crainte du mouvement perpétuel. » Il est bien clair que Leibniz n'était pas sûr d'avoir atteint par son *Essay* celui dont il faisait grand cas, et que dans le doute, il préférait profiter de l'occasion pour revenir à la charge et marquer le point le plus fondamental.

Échec auprès de l'Académie Royale des Sciences

Leibniz fut-il plus heureux avec l'Académie? Celle-ci fut certainement atteinte. Tout en temporisant, Pelisson a effectivement transmis et son témoignage est confirmé par les procès-verbaux de séances du

1. Manuscrits de Hanovre BR Toinard, f° 7.
2. Manuscrits de Hanovre LBH MS IV 325.
3. Manuscrits de Hanovre BR Larroque f° 17-18 (brouillon), f° 15-16 (copie). Gerhardt : *Die Philos. Schriften*, t. I, p. 346-349.
4. Manuscrits de Hanovre BR Malebranche, f° 19-20. Gerhardt : *Die philos. Schriften*, t. I, p. 343-346.
5. Manuscrits de Hanovre BR Malebranche, f° 21-22 (brouillon), f° 23 (copie revue et complétée par Leibniz). Gerhardt : *Die philos. Schriften*, t. I, p. 349-352.

26 mars et du 28 juin 1692 que nous avons cités en commençant. La convergence des dates et des expressions ne permet aucun doute quant à l'identification du texte de l'*Essay* avec celui lu par La Hire à la séance du 28 juin.

Le silence le plus absolu règne cependant sur ce texte dans les procès-verbaux de séances à partir de cétte date et c'est seulement le samedi 14 mars 1693 que l'on voit Pierre Varignon présenter à l'Académie un « examen de la raison par laquelle M. Leibniz prétend prouver que Dieu ne conserve pas la même quantité de mouvement dans le monde ». Le mémoire de Varignon, resté inédit, se trouve dans les Archives de l'Académie. Il est entièrement constitué par la critique de l'article de Leibniz dans les *Acta Eruditorum* de mars 1686 et ne fait aucune allusion à l'*Essay* de 1692.

La chose s'explique en partie parce que nous savons par Foucher qu'à la même époque (mars 1693), la « dynamique » de Leibniz se trouvait parmi les papiers de Thevenot, *sous le scellé* [1]. Thevenot était mort le 29 octobre 1692 [2], sa succession n'était vraisemblablement pas réglée en mars 1693, et il n'est pas nécessaire de supposer une malveillance à l'égard de Leibniz pour rendre compte de l'anomalie constatée dans la structure du mémoire de Varignon.

Celui-ci eut d'ailleurs communication officielle de la part de l'Académie du document leibnizien, au début de juillet 1693, et reçut mission de la réfuter. Nous le savons encore par Foucher [3]. La réfutation ne vit jamais le jour. Peut-être Varignon l'estima-t-il inutile après son intervention du 14 mars. Il est en effet curieux de constater que quinze ans plus tard, le 28 avril 1708 [4], Varignon écrivant à Leibniz sur le même sujet et rappelant les « remarques » qu'il avait rédigées autrefois, ne se réfère encore qu'à l'article des *Acta*. Il avait donc complètement oublié l'existence même des *Elemens dynamiques* dont on lui avait pourtant confié le texte, et peut-être la copie originale, en juillet 1693. Il est vrai qu'en 1708 Varignon relevait d'une longue maladie due à l'excès de travail intellectuel et que sa mémoire pouvait de ce fait connaître des défail-

1. Lettre de Foucher à Leibniz, 12 mars 1693. A. Foucher de Careil : *Lettres et opuscules inédits de Leibniz* (1854), p. 104.

2. Melchisedech Thevenot, qui était à l'origine de l'Académie des Sciences, en ayant assuré la suite des réunions savantes chez de Montmort, avait été nommé en 1684, garde de la Bibliothèque du Roi. Il prenait plaisir à réunir des livres sur toutes sortes d'objets et principalement la philosophie, les mathématiques, etc. Son influence était grande dans le milieu de l'Académie et il était en relations directes avec Leibniz.

3. Lettre de Foucher à Leibniz du 15 juillet 1693 (A. Foucher de Careil : *Lettres et opuscules...*, 1854, p. 116).

4. Gerhardt : *Leibn. math. Schriften*, t. IV, p. 166.

lances. Il est vrai aussi qu'il ne jouissait pas d'un ordre parfait dans ses « paperasses » puisqu'il déclare être incapable d'y retrouver son propre manuscrit. Mais il est raisonnable d'admettre que si le souvenir de l'écrit leibnizien de 1692 s'est effacé, c'est que dès l'abord, puis encore après l'examen de juillet 1693, Varignon l'a jugé sans intérêt majeur par rapport aux textes imprimés antérieurs sur le même problème.

Que ce soit pour la même raison, ou pour des motifs plus profonds, il n'en reste pas moins que le but poursuivi par Leibniz n'était pas atteint et que l'attitude de l'Académie demeurait très réservée.

En mai 1692, Pelisson avait écrit, nous l'avons vu : « Je n'ai pas encore donné vos *Elemens de la Dynamique* à Messieurs de l'Académie des Sciences. *Je veux qu'ils les désirent un peu davantage* comme je crois qu'ils le feront après ce qui en a été publié tant dans notre livre que dans le *Journal des Sçavans.* » Et le 30 mars 1693 [1], Foucher expliquait : « Je n'ai point votre dynamique. *Il vaut mieux envoyer des imprimés que des manuscrits, car les imprimés se peuvent communiquer à plusieurs personnes et sont défendus par quelques-uns.* » Il se peut que la méthode utilisée par Leibniz, à savoir la diffusion de copies d'un même manuscrit ou de plusieurs manuscrits voisins, ait en effet constitué une tactique déficiente, ne permettant pas aux amis ou sympathisants de manifester publiquement leur faveur. Mais il est certain que Leibniz ne se faisait pas, par ailleurs, d'illusions sur le fond de la difficulté.

« Vous avez bien jugé, Monsieur, disait-il à Pelisson le 3 juillet 1692 [2], qu'il ne faut pas importuner Messieurs de l'Académie Royale des Sciences, *s'il ne paraît pas qu'ils prennent plaisir de voir ce qu'on leur avait préparé.* Ce sont des fruits qui viennent bien mieux dans leur propre terroir, qui est si bien cultivé sous la protection d'un des plus grands rois qui aient jamais été. » Et il répondait à Foucher le 3 août 1693 [3] : « On doit être bien aise, Monsieur, *que vous donniez un sens raisonnable* [4] *aux doutes des Académiciens.* C'est la meilleure apologie que vous puissiez faire pour eux. Je serai ravi de voir un jour leurs sentiments digérés et éclaircis par vos soins. Mais vous serez obligé de leur prêter de temps en temps quelques

1. A. Foucher de Careil : *Lettres et opuscules...*, 1854, p. 111.
2. Lettre de Leibniz à Pelisson, 3-13 juillet 1692. A. Foucher de Careil : *Œuvres...*, t. I, p. 297.
3. A. Foucher de Careil : *Lettres et opuscules...*, 1854, p. 119.
4. Leibniz répond à une lettre de Foucher du 15 juillet (*op. cit.*, p. 116) où celui-ci présentait successivement des arguments en faveur de la discussion de certains principes chez les philosophes grecs et des excuses quant à l'attitude de l'Académie Royale des Sciences. Leibniz joue de l'ambiguïté correspondante.

rayons de vos lumières comme vous avez commencé.[1] » On lui pardonnera de s'exprimer avec cette hauteur et une ironie quelque peu mordante et froide. Dans la mesure où l'Académie faisait le silence sur les efforts de Leibniz pour renouveler le débat en mécanique, cette longue résistance larvée ne pouvait être qu'irritante pour le grand philosophe allemand[2].

On a pu parler à juste titre, à son propos, de véritables «rengaines». Il est certain que lorsqu'il avait trouvé les formules qui lui paraissaient les mieux frappées pour rendre sa pensée, il en variait très peu l'expression dans les nombreux textes, lettres ou mémoires, où il la répandait abondamment. C'est ce qui rend d'ailleurs assez facile l'identification de ses manuscrits et nous l'avons déjà noté. Faudrait-il, en raison de ce fait, considérer que Varignon n'avait pas tort d'avoir oublié le mémoire de 1692 pour ne se souvenir que de l'article des *Acta* de 1686 et que les deux copies de Des Billettes n'ont rien de plus à nous apprendre? La réponse ne peut être fournie qu'en procédant à l'examen et au commentaire des textes.

1. La réponse vise directement le débat philosophique concernant l'« Académie » grecque, mais il est très clair qu'elle s'applique aussi aux Académiciens de Paris, bien vivants eux, et auprès desquels Foucher s'emploie à servir Leibniz. En mélangeant les questions comme nous l'indiquons dans la note précédente, Foucher permet à Leibniz de faire d'une pierre deux coups sans avoir besoin d'être explicite dans une application qui requiert – *scripta manent* – une certaine diplomatie. Au cas où Foucher aurait montré à des amis la réponse de Leibniz, il ne pouvait pas être affirmé que l'Académie Royale des Sciences était mise en cause.

2. Leibniz avait à la même époque bien d'autres motifs de mécontentement dans ses rapports avec le milieu français. Nous en avons fait plus haut une évocation rapide, mais nous y avons consacré une étude ultérieure que nous sommes heureux de pouvoir adjoindre à la présente reprise. Cette étude contient l'édition de textes leibniziens méconnus qui complètent la mise en situation de la dynamique dans le débat philosophique.

Cote du manuscrit autographe dans le fonds Leibniz de Hanovre

L Br 719 (Pellisson) 1

II

L'ESSAY DE DYNAMIQUE

État du texte. Correction de la version Foucher de Careil

Le cahier de Des Billettes est, nous l'avons dit, une copie de seconde main, fidèle au manuscrit autographe de l'*Essay de Dynamique.* Il comporte la figure oubliée par le premier copiste de Hanovre et la correction très importante relative à la conservation de la vitesse respective dans le choc de deux corps, que Leibniz a faite presque immédiatement après son envoi.

Le texte publié par Foucher de Careil dans l'appendice de son édition de 1859 n'est pas aussi fidèle. Dans le scholie de l'axiome 1, on y lit : « *4* se peut substituer à la place de l'état M... » alors que Des Billettes a très correctement : « ...si l'état *L* se peut substituer... ». Dans les *Remarques*, le texte de Foucher de Careil donne : « ... la force morte... a la même raison à l'égard de la force vive (qui est dans le mouvement même) que le point *A* à la ligne » et Des Billettes : « ...que le point à la ligne ».

Le lecteur pouvait aisément corriger de lui-même le premier lapsus et lire la lettre L à la place du chiffre 4. Lorsqu'on examine le manuscrit autographe, on constate que le L écrit par Leibniz a effectivement l'allure d'un 4, de sorte que l'on comprend aussi aisément qu'un copiste peu spécialisé dans les mathématiques ait pu commettre l'erreur.

Dans le second cas, la présence de la lettre A, utilisée par ailleurs dans la partie précédente du texte pour désigner un point matériel, ne s'explique que par une initiative intempestive du copiste. Elle fausse le véritable caractère de la comparaison voulue par Leibniz, à savoir que de même qu'en géométrie la ligne est un tout fini composé d'éléments infinitésimaux appelés points, de même le mouvement à l'état fini s'engendre de mouvements à l'état naissant ou différentiel.

Enfin le texte de Foucher de Careil a « Remarque » au singulier, où Leibniz a écrit « Remarques » au pluriel, comme le transcrit bien Des Billettes. Détail infime sans doute, encore qu'il soit évident, à la simple lecture, qu'il y a effectivement plusieurs remarques, mais détail qui ne manque pas d'importance pour l'identification avec la communication faite par La Hire à l'Académie le 28 juin 1692.

Dans sa deuxième édition du tome I des *Œuvres de Leibniz* en 1867, Foucher de Careil n'apporte aucune correction sur les divers points qui viennent d'être soulignés. Il oublie la figure et le mot « réciproque » qui caractérise l'égalité des différences des vitesses avant et après le choc. Il a donc mal lu le manuscrit autographe, s'il a travaillé effectivement sur ce document.

Cette mise au point de détails qui peuvent paraître sans importance majeure attire cependant l'attention sur deux passages particulièrement caractéristiques du texte que nous publions dans sa version intégrale et la trame de notre étude se trouve aussi fixée.

La controverse de 1687

Nous avons noté plus haut que le scholie de l'axiome 1 est précisément la substance de la réponse de Leibniz à Malebranche au début de 1693 [1]. S'apercevant que Malebranche n'a pas répondu d'une manière générale à ses arguments, présentés à propos des lois du choc, Leibniz élève le débat.

« Quant aux règles du mouvement, dit-il, nous convenons que la force ne se perd point, mais il s'agit de savoir si cette force qui se conserve doit être estimée par la quantité de mouvement, comme on le croit vulgairement. M. l'abbé Catelan n'avait point compris mon sentiment, et s'il a été mon interprète auprès de vous, comme il me semblait, il ne vous en aura point donné une bonne idée. »

L'allusion est très précise. Leibniz estime que Malebranche en est resté à l'égard de sa doctrine mécanique au point où la controverse avec Catelan dans les *Nouvelles de la République des Lettres* en 1686-1687 avait permis d'aboutir.

Il a maintenant mieux à dire. « Selon moi, poursuit-il, si leur force (de plusieurs corps équivalents) était employée jusqu'à sa consommation à élever quelque corps pesant, l'effet serait toujours équivalent et se réduirait toujours à élever une même pesanteur à une même hauteur, ou à produire quelque autre effet déterminé. Mais je prends la pesanteur comme la plus commode. Cela étant

1. Manuscrits de Hanovre BR Malebranche, f° 21-22 (brouillon), f° 23 (copie revue et complétée par Leibniz). Gerhardt : *Die Phil. Sch.*, I, p. 349-352.

accordé, je démontre que la même quantité de mouvement ne se conserve point. Je démontre aussi que si deux cas, qui selon la notion vulgaire de la force (= quantité de mouvement) sont équivalents, se succédaient, il y aurait le mouvement perpétuel mécanique. Par exemple, s'il arrivait que toute la force d'un corps A, de 4 livres de poids et 1 degré de vitesse, était transférée sur le corps B d'une livre de poids, et que le corps B devrait alors recevoir [= reçut alors] 4 degrés de vitesse, selon l'opinion vulgaire, je démontre qu'on aurait indubitablement le mouvement perpétuel ». Suit alors le passage dont nous avons parlé plus haut qui reproduit à peu près le scholie de l'Axiome I de l'*Essay*. Mais ce que nous venons de transcrire a ici une importance plus grande, car c'est en quelques lignes le plan de l'*Essay* lui-même qui est donné.

Ce qui caractérise ce plan, c'est le rôle joué par les notions générales d'équivalence et d'impossibilité du mouvement perpétuel pour la définition de la force, et pour bien comprendre ce qu'il y a de nouveau dans cette position, il faut dire quelques mots de la controverse de 1687.

Répondant à l'abbé Catelan dans le numéro de février 1687 des *Nouvelles de la République des Lettres*, Leibniz avait repris son exemple familier et souligné davantage l'absurde conséquence du principe cartésien : Si la force (conçue comme quantité de mouvement) d'un corps de 4 livres et de 1 degré de vitesse est transférée tout entière sur un corps de 1 livre, il doit en résulter 4 degrés de vitesse, et comme les poids sont en raison inverse des hauteurs qu'ils peuvent atteindre en vertu de leurs vitesses, tandis que les hauteurs sont comme les carrés des vitesses, il s'ensuit que le transfert de la force du corps de 4 livres sur le corps de 1 livre permet à celui-ci de monter quatre fois plus haut que si la même force lui était appliquée (puisque selon Descartes il faut une même force pour élever 4 livres d'un pied et 1 livre de 4 pieds). « *Ainsi on aurait tiré de rien le triple de cette force* » grâce au transfert d'un corps sur l'autre. « C'est pourquoi, ajoutait Leibniz, je crois qu'au lieu du principe cartésien, on pourrait établir une autre loi de la nature que je tiens pour la plus universelle et la plus inviolable, savoir qu'il *y a toujours une parfaite équation entre la cause pleine et l'effet entier*. Elle ne dit pas seulement que les effets sont proportionnels aux causes, mais de plus que chaque effet entier est équivalent à la cause. Et, quoique cet axiome soit tout à fait métaphysique, il ne laisse pas d'être des plus utiles et il donne le moyen de réduire les forces à un calcul de géométrie. »

D'aucuns pourraient trouver que la différence entre un tel texte et ceux de 1692 est bien minime. La pensée de Leibniz s'y exprime avec une vigueur qui semble ne pas laisser d'échappatoire à l'adversaire. Celui-ci cependant ne se tint pas pour battu, puisque, dans le numéro de juin 1687 des *Nouvelles*, l'abbé Catelan faisait remarquer : « Toute la contradiction que M. Leibniz trouve entre Descartes et Galilée ne vient que de ce qu'il se contente de juger des forces par leurs effets, ou des mouvements par les espaces parcourus sans avoir égard à leur durée..... Quand il y a égalité entre les quantités de mouvement ou les forces et inégalité entre les corps mus, les espaces parcourus ne peuvent être réciproques aux masses ou proportionnels aux vitesses qu'il n'y ait toujours unité ou égalité de temps ». L'exemple donné par Leibniz pour faire éclater l'absurdité du principe cartésien est donc irrecevable : « M. Descartes parle des forces mouvantes appliquées dans des temps égaux, Galilée compare des forces appliquées ou des mouvements acquis dans des temps inégaux. »

L'argument n'était pas nouveau, à vrai dire, puisqu'il avait déjà constitué la substance de la première réfutation de l'abbé Catelan (sept. 1686) et Leibniz y avait répondu dans l'article de février 1687 en disant : « M. l'abbé Catelan se met en peine des durées pendant lesquelles les vitesses sont acquises » mais « le temps ne sert de rien dans cette estime... Quand il y a deux corps parfaitement égaux et semblables qui ont une même vitesse mais acquise dans l'un par un choc subit, dans l'autre par quelque descente de durée notable, dira-t-on que leurs forces sont différentes? ». Cette réponse ne pouvait évidemment satisfaire le contradicteur, elle écartait d'une manière trop rapide une objection qui ne manquait pas de mordant.

La preuve de ce mordant est que dans le dernier article de la controverse (septembre 1687) Leibniz, après avoir repris sous une forme plus nette, point par point, ses arguments précédents et demandé réponse à « des choses si précises et si aisées », se contentait d'une allusion dédaigneuse à l'objection faite : « J'ajouterai seulement, comme *hors-d'œuvre*, que j'accorde à M. l'Abbé qu'on peut estimer la force par le temps, mais c'est avec précaution. »

Sous-entendant l'égalité des durées, l'abbé Catelan ne voyait aucune différence entre le fait de transporter avec une égale quantité de mouvement le corps 1 par l'espace 4 et le corps 4 par l'espace 1 et de lever le poids 1 à la hauteur de 4 et le poids 4 à la hauteur de 1. C'était accorder à Leibniz plus qu'il ne désirait dans son interprétation de la pensée cartésienne, et le confirmer dans la valeur de son argumentation. A quoi bon, en effet, après cela, s'embarrasser dans la considération des durées! Si la force d'un corps de 4 livres et de 1 degré de vitesse équivaut selon Descartes au transport d'un corps de 1 livre sur un espace de 4 dans n'importe quelle direction, et si l'on admet d'autre part avec Galilée que les hauteurs atteintes en vertu des vitesses sont comme les carrés des vitesses, c'est-à-dire ici 16 pour le corps de 1 livre [1], il y a manifestement contradiction. C'est une question de chiffres, et l'on comprend l'exclamation de Leibniz : « Si ces mésentendus arrivent dans une dispute qui est presque de pure mathématique, que ne doit-on point attendre en morale et en métaphysique [2]. »

On pourrait cependant s'étonner d'entendre Leibniz minimiser un débat où il semble, en fait, malmener le pensée de Descartes sur un point qui n'est pas de pure mathématique. On l'a déjà plusieurs fois remarqué, tout se passe dans l'argumentation de Leibniz comme s'il négligeait la distinction soigneusement établie (en Statique) par Descartes entre force à « deux dimensions », composé du poids et de la hauteur décrite, et force à une dimension. Descartes écartait la considération du temps et de la vitesse lorsqu'il posait l'égalité de « force » 1 livre-4 pieds et 4 livres-1 pied et il était parfaitement conscient de la non-proportionnalité des vitesses aux hauteurs atteintes en vertu de ces vitesses [3]. L'abbé Catelan et ses semblables sont donc de mauvais disciples et ils défendent bien mal leur maître, ils le trahissent en acceptant que l'adversaire confonde les deux concepts cartésiens de force quantité de mouvement et de force à deux dimensions pour élaborer la pièce maîtresse d'un exemple contradictoire.

Mais cet adversaire lui-même, que pense-t-il en définitive? Se joue-t-il de disciples qui connaissent mal leur maître et ne le valent pas? Ou bien, s'il ne développe pas une habile argumentation *ad hominem*, prend-il le change sur la véritable doctrine cartésienne?

L'exemple numérique et contradictoire qui est ici en question avait déjà fait l'objet de la *Brevis Demonstratio* [4] par laquelle Leibniz avait ouvert la controverse en 1686. Et c'est le grand Arnauld qui, en réponse à l'envoi de ce « petit imprimé » avait attiré l'attention de Leibniz sur le fait que les Cartésiens disposaient d'une défense facile [5]. « Je ne sais si vous avez examiné ce que dit M. Descartes dans ses Lettres sur son Principe général des Mechaniques. Il me semble qu'en voulant montrer pourquoi la même force peut lever

1. Animé de 4 degrés de vitesse.
2. *Nouvelles de la République des Lettres*, septembre 1687, p. 952.
3. Cf. Costabel P. : La démonstration cartésienne relative au centre d'équilibre de la balance. *Archives Internationales d'Histoire des Sciences*, avril-juin 1956.
4. Gerhardt : *Leibniz. math. Sch.*, VI, p. 117-123.
5. Lettre d'Arnauld à Leibniz, 28 septembre 1686. Gerhardt : *Die Phil Sch.*, I, p. 67-68.

par le moyen d'une machine le double ou le quadruple de ce qu'elle lèverait sans machine, il déclare qu'il n'a point d'égard à la vélocité (28 septembre 1686). »

« J'ai trouvé dans les Lettres de M. Descartes ce que vous m'avez indiqué, répondait Leibniz le 28 novembre 1686 [1], sçavoir qu'il y dit d'avoir tâché exprès de retrancher la considération de la vélocité en considérant les raisons des forces mouvantes vulgaires et d'avoir eu seulement égard à la hauteur. »

De l'aveu même de Leibniz, c'est donc après coup et grâce à Arnauld qu'il a pris connaissance directe de la pensée de Descartes. Dans la même lettre, en signalant qu'il vient d'examiner la première réfutation de l'abbé Catelan dans les *Nouvelles de la République des Lettres* il souligne que celui-ci est un piètre adversaire et un mauvais cartésien. « Il m'accorde plus que je ne veux et il limite le principe cartésien au seul cas des puissances isochrones... ce qui est entièrement contre l'intention de M. Descartes. »

Il semble donc que Leibniz ait été averti, dès le début de la controverse, sur le point essentiel où son argumentation pouvait se trouver en défaut. Et cependant il n'a rien modifié, substantiellement, à celle-ci. C'est qu'il a cru pouvoir opposer à la remarque d'Arnauld une fin de non recevoir. « Il lui (Descartes) est arrivé d'avoir retranché la considération de la vélocité là où il la pouvait retenir et de l'avoir retenue dans les cas où elle fait naître des erreurs ». « Il se rencontre » en effet que dans le cas de la statique et des « puissances mortes », « les vélocités sont comme les espaces » parce qu'il s'agit d'examiner « les *premiers* efforts pour descendre sans avoir acquis aucune impétuosité par la continuation du mouvement ». Mais quand on passe à la dynamique et que l'on considère « la force absolue des corps qui ont quelque impétuosité... l'estimation doit être faite par la cause ou l'effet, c'est-à-dire par la hauteur où [le corps] peut monter en vertu de [sa] vitesse » et il n'y a plus de proportionnalité entre vitesse et espace parcouru.

Leibniz ne variera pas dans son opinion sur le vice de la méthode cartésienne puisque sur le manuscrit de l'*Essay de Dynamique* de 1698-1699 [2], il notera en marge : « Ainsi il est étonnant que M. Descartes a si bien évité l'écueil de la vitesse prise pour la force dans son petit traité de Statique ou de la force morte, où il n'y avait aucun danger, ayant tout réduit aux poids et aux hauteurs quand cela était

1. Lettre de Leibniz à Arnauld, 28 novembre-8 décembre 1686. GERHARDT : *Die Phil. Sch.*, I, p. 80.

2. Manuscrits de Hanovre HS XXXV, IX, 3.

indifférent, et qu'il a abandonné les hauteurs pour les vitesses dans le cas où il fallait faire tout le contraire, c'est-à-dire quand il s'agit des percussions ou forces vives qui se doivent mesurer par les poids et les hauteurs ». Mais à vrai dire, si Leibniz n'a pas varié dans son sentiment c'est que sa pensée était déjà fixée avant même d'avoir lu Descartes. On lit en effet dans la *Brevis Demonstratio* que les cinq machines simples confirment *a posteriori* la proposition qu'élever une livre à deux pieds et deux livres à un pied requiert la même puissance, et la confirment *tanquam hypothesis*. Une autre hypothèse serait celle de l'évaluation de la puissance par la masse et la vitesse, mais, s'il y a accord des deux «hypothèses» en statique, il y a « divorce » en dynamique, *in potentiis vivis seu concepto impetu agentibus.*

Il est donc aisé de constater que la remarque d'Arnauld n'a atteint qu'un esprit dont le siège était déjà fait. Sans doute Leibniz n'avait pas lu Descartes avant d'écrire la *Brevis Demonstratio;* il n'aurait pas manqué de le dire à Arnauld s'il en avait été autrement. Mais la lecture de Descartes lui a laissé bonne conscience de sa propre position. Il lui est apparu avec évidence qu'il avait répondu par avance à l'objection possible et il s'est contenté de reproduire une critique qui lui semblait sans défaut : l'erreur de Descartes est de ne pas annoncer l'impossibilité de prolonger en dynamique l'équivalence admise en statique entre espace et vitesse pour l'estimation de la force.

Le siège de Leibniz était déjà fait, disions-nous à l'instant. C'est que, dès la *Brevis demonstratio,* il a pris une décision qu'il ne cessera d'affirmer au cours de la controverse. *In Universum potentia ab effectu aestimanda est.* Le seul principe sûr qui permette de passer sans erreur du domaine statique au domaine dynamique est l'estimation de la « puissance » ou de la « force » par l'effet. Nous aurons à revenir bientôt sur ce point fondamental. Notons simplement ici que ce fait explique, à notre avis, pourquoi Leibniz ne se préoccupe pas de serrer de près la validité de l'exemple qu'il donne pour montrer la contradiction entre Descartes et Galilée. A la double question que nous posions plus haut : s'agit-il d'une habile argumentation *ad hominem* où Leibniz se joue de ses adversaires, ou bien prend-il le change sur la doctrine cartésienne? il n'y a pas de réponse nette.

Leibniz a déjà une conception de la force qui lui paraît universelle et valable dans tous les cas. Il prend les choses de haut sans d'ailleurs en avoir une conscience très claire, et il institue un débat sur chiffres pour confondre ceux qui restent prisonniers de formules anciennes. Peu lui importe, semble-t-il, que ce débat soit ambigu. Il serait bien facile, pourtant, de lui objecter que lorsqu'il pose l'équivalence

4 livres – 1 degré de vitesse – 1 pied, et 1 livre – 4 degrés de vitesse – 4 pieds comme expression de la pensée cartésienne, afin de pouvoir déclarer la contradiction avec Galilée (1 livre, 4 degrés de vitesse, 16 pieds), c'est lui qui dénature pour la mieux combattre la doctrine de son adversaire. Il serait bien facile de lui faire remarquer que les *deux* équivalences cartésiennes, à savoir : 4 livres – 1 degré de vitesse, 1 livre – 4 degrés de vitesse d'une part et 4 livres – 1 pied, 1 livre – 4 pieds d'autre part, se réfèrent à des notions *distinctes* de la force et qu'ainsi en bonne logique son exemple contradictoire ne prouve rien. Mais Leibniz fait comme s'il ignorait cette *distinction*. Les cartésiens le lui permettent, et tout en rendant une certaine justice à la pensée et aux intentions de Descartes, il met au compte de celui-ci une confusion de notions. Et ceci, parce que lui-même ne conçoit pas une mécanique avec *pluralité* de « forces ».

Trop métaphysicien pour admettre une élaboration basée sur une telle pluralité, il projette sur l'adversaire sa propre problématique de base. Le paradoxe est que de ce fait il finisse par nouer le débat sur une question de « pure mathématique », dans l'opposition de 4 à 4^2. Mais c'est bien la preuve que, s'il y a une part de jeu avec ces bons cartésiens qui accordent plus qu'on ne veut, le jeu est subtil et que l'on finit par s'y laisser prendre quelque peu.

Affermissement de la pensée leibnizienne

Telle est la situation par rapport à laquelle les textes de 1692 marquent un progrès très net. Nous avons déjà cité plus haut la lettre d'envoi de l'*Essay de Dynamique*. Il n'est pas inutile de revenir ici sur un passage caractéristique. « J'ai cru à propos, dit Leibniz à Pelisson, de mettre mes pensées sur ce sujet *en meilleur ordre*, c'est ce que j'ai voulu faire dans l'Essay ci-joint de dynamique, où j'ai pris la chose *d'un peu plus haut* que je n'avais fait dans les papiers qui avaient servi à la contestation. Je l'ai fait d'autant plus volontiers que j'ai pu mieux connaître par la contestation même les préjugés capables d'abuser. »

De l'aveu de Leibniz lui-même, la controverse avec Catelan l'a donc servi. Elle lui a fait connaître les « préjugés » sources d'erreur. Mais, comme il ne dit pas quels sont ces préjugés, il faut essayer de voir si l'on ne peut pas les soupçonner à travers ce nouvel exposé où les choses sont en « meilleur ordre » et prises « d'un peu plus haut »

L'*Essay de Dynamique* de 1692 s'ouvre sur une *définition*. « De la force égale moindre ou plus grande ». Les commentaires de l'axiome I et la lettre à Malebranche citée plus haut l'éclairent parfaitement. Élever une même pesanteur à une même hauteur, ou produire *quelqu'autre effet déterminé,* telle est le critère de jugement des forces égales. Le rejeter est s'exposer à introduire le mouvement perpétuel dont tous les savants sérieux s'accordent depuis longtemps à considérer l'impossibilité. Car la substitution d'une force à une autre force égale pourrait alors se faire avec une marge de possibilité d'action ouverte sur la création *ex nihilo.* La métaphysique du mouvement, car il s'agit bien d'une métaphysique, présente deux exigences de base étroitement solidaires : un principe d'équivalence par substitution ou transfert gratuit, et l'impossibilité du mouvement perpétuel.

Leibniz a bien raison de dire à Malebranche : « Quant aux règles du mouvement, nous convenons que la force ne se perd point, mais il s'agit de savoir si cette force qui se conserve doit être estimée par la quantité de mouvement. » La pensée dynamique de Leibniz en 1692 met au départ de toute l'élaboration quelque chose d'équivalent à ce que nous appellerions aujourd'hui un axiome-définition, à savoir qu'il ne peut y avoir dans le domaine de la force de perte ni de gain gratuits.

Tout se passe, par conséquent, comme si Leibniz avait compris la nécessité de ne pas laisser place aux confusions verbales.

Cette prise de conscience n'émerge évidemment pas tout à coup avec les textes de 1692. On en trouve la trace dans le petit traité *De causa gravitatis* [1] (*Acta Erud.*, mai 1690) : « Sed *ante omnia logomachiae excludenda occasio est,* dit-il..., et neque hanc ego libertatem cuiquam nego, quam mihimet concedi postulo... quod si ex surrogatione eorum tale absurdum, quale est motus perpetuus, oriri nequeat, vires ipsorum *dicemus* aequales. *Hac definitione posita* facile tanquam corollarium concedet Cl. objector eandem vim in corporibus conservari, seu eandem esse potentiam causae plenae et effectus integri... ».

Dès 1690 Leibniz est donc préoccupé d'exclure « avant toutes choses » les occasions de jouer sur les mots. Et c'est bien ce qu'il exprime, de manière quasi identique dans les Remarques de l'*Essay.* « Si quelqu'un veut donner un autre sens à la force, comme en effet on est assez accoutumé à la confondre avec la quantité de mouvement, je ne veux pas discuter sur les mots et je laisse aux autres la liberté que je prends d'*expliquer les termes.* C'est assez qu'on m'accorde ce qu'il y a de réel dans mon sentiment, savoir que ce que j'appelle

1. Gerhardt : *Leibniz. math. Sch.,* VI, p. 199.

la force se conserve et non pas ce que d'autres ont appelé de ce nom. Puisque autrement la nature n'observerait pas la loi de l'égalité entre l'effet et la cause, et ferait un échange entre deux états, dont l'un substitué à l'autre pourrait donner le mouvement perpétuel mécanique, c'est-à-dire un effet plus grand que la cause. »

Le texte de 1692 confirme la conscience prise par Leibniz de la nécessité où il se trouve, pour éviter toute logomachie, de bâtir un édifice logique, mais il est aisé cependant de noter avec le *De causa gravitatis* quelque différence importante, encore qu'elle puisse, à première vue, paraître assez subtile.

Quand il entreprend la rédaction de l'*Essay* de 1692, Leibniz veut « s'accommoder davantage aux notions populaires » et « éviter les considérations métaphysiques de l'effet et de la cause, car pour expliquer les choses *a priori* il faudrait estimer la force par la quantité de l'effet prise d'une certaine manière qui a besoin d'un peu plus d'attention pour être entendue » (scholie de la définition 1). Il adopte donc nettement le point de vue *a posteriori* qui consiste à définir l'égalité de force par la substitution d'un état (= un corps ou plusieurs pris avec certaines circonstances de situation, de mouvement, etc.) » à un autre état sans crainte du mouvement perpétuel, la notion de substitution étant elle-même liée à « l'exclusion de toute action du dehors », et à chercher ensuite comment peut s'exprimer la force en fonction de l'effet ou de la vitesse. Seulement il ne dit plus comme en 1690 que la conservation de la force dans toute transformation exclusive d'une action extérieure, ou l'équation exacte entre la cause totale et l'effet entier, est comme un « corollaire » facilement concédable une fois posée la définition. C'est là maintenant un axiome et l'on comprend bien pourquoi. La définition permet de caractériser d'un mot deux « états » qui peuvent être substitués l'un à l'autre aux conditions indiquées : elle dit que ces deux états équivalents ont même « force ». Mais elle ne fait que préciser des notions et des mots. Elle ne sert de rien si elle ne s'accompagne pas d'une proposition d'existence. Dans le *De causa gravitatis,* Leibniz avait mélangé à la définition l'impossibilité du mouvement perpétuel *tale absurdum...* Il a amélioré effectivement son exposé en 1692 et mis les choses en meilleur ordre, en plaçant après la définition un axiome sur la conservation de la force, qui équivaut, comme il le remarque lui-même, à l'impossibilité du mouvement perpétuel. Ainsi « il n'arrivera jamais, ajoute-t-il dans le scholie de l'axiome 1, que la nature substitue l'un à l'autre deux états s'ils ne sont d'une force égale ». La définition posée n'est donc pas vide de sens, mais la proposition qui lui donne l'existence est un axiome parce qu'il n'y a pas de déduction logique qui puisse, à partir de données antérieures hypothétiques, dicter le comportement réel de la « nature ».

Cet axiome, dit encore Leibniz, est comparable à celui qui dit que « le tout est égal à toutes ses parties prises ensemble » et dont l'usage est si étendu en « géométrie ». « L'un et l'autre donnent moyen de venir à des équations et à une manière d'analyse. » Ces déclarations sont précieuses. Elles révèlent que l'esprit pénétrant de Leibniz a beaucoup réfléchi sur la métaphysique sous-jacente à la construction de l'édifice mathématique et sur la valeur des principes de conservation pour en assurer les fondements traduisibles dans un symbolisme adapté. Comment parvient-on cependant à « des équations et à une manière d'analyse », Leibniz ne fait que le suggérer à propos de l'axiome 2. « Cet axiome est accordé, dit-il, on le pourrait démontrer néanmoins par l'axiome 1 et autrement. Et sans cela il serait aisé d'obtenir le mouvement perpétuel. »

L'axiome 2, c'est qu'« il faut autant de force pour élever une livre à la hauteur de quatre pieds qu'il en faut pour élever quatre livres à la hauteur d'un pied », c'est-à-dire que nous sommes bien en présence d'une équation mathématique. L'axiome est accordé parce qu'il est, formellement, le principe admis universellement dans toutes les mécaniques et notamment dans la statique cartésienne. Mais Leibniz tient à souligner que, dans la perspective où il se place, il ne s'agit pas d'un véritable axiome. Élever une livre d'un pied est un *effet déterminé*, sa multiplication par 4 peut s'effectuer de deux manières, soit en prenant 4 livres, soit en élevant à 4 pieds. Le tout, à savoir quatre livres à un pied, est égal à toutes ses parties prises ensemble, à savoir quatre fois une livre à un pied ou une livre à quatre pieds. L'axiome 2 est une conséquence logique de l'axiome 1, et il est bien vrai que le rejeter conduirait inévitablement à admettre, avec la différence des multiplications par 4 du même effet déterminé, l'existence d'actions mécaniques « tirées de rien », donc à admettre la possibilité du mouvement perpétuel.

Il importe de remarquer que le premier exemple d'« équation » obtenue à partir de l'axiome 1 concerne non pas deux « états » (tels corps, telles vitesses), mais les effets produits par la « consommation » de la « puissance d'agir » contenue dans ces états. La chose n'est pas dite ici, mais elle est évidemment sous-entendue. La lettre à Malebranche que nous avons citée plus haut en est la preuve certaine.

En 1687, répondant à l'abbé Catelan, Leibniz ajoutait « une remarque de conséquence pour la métaphysique »[1]. « J'ai montré

1. *Nouvelles de la République des Lettres*, février 1687, p. 141.

que la force ne se doit pas estimer par la composition de la vitesse et de la grandeur, mais l'*effet futur* », c'est-à-dire non pas par la quantité de mouvement *mv*, mais par la puissance virtuellement ascensionnelle du mouvement. Et Leibniz ajoutait encore : « Cependant il semble que la force ou puissance est quelque chose de réel dès à présent et l'effet futur ne l'est pas. D'où il s'ensuit qu'il faudra admettre dans les corps quelque chose de différent de la grandeur et de la vitesse, à moins qu'on veuille refuser aux corps toute la puissance d'agir. » Et pour bien marquer l'importance de cette déclaration, Leibniz avait fait imprimer les derniers mots en caractères gras. Dans la conclusion de l'*Essay* de 1692, le lecteur trouvera les précisions suivantes : « Tout cela est d'autant plus raisonnable » (à savoir le fait d'exclure la considération du temps et du mouvement pour l'estimation de la force) « que le mouvement est une chose passagère qui n'existe jamais à la rigueur puisque ses parties ne sont jamais toutes ensembles. Mais c'est la force qui est la cause du mouvement qui existe véritablement. Ainsi outre la masse et le changement (qui est le mouvement), il y a quelque autre chose dans la nature corporelle : savoir *la force*. Il ne faut pas s'étonner si la nature, c'est-à-dire la sagesse souveraine, établit ses lois sur ce qui est le plus réel ».

L'ensemble de ces citations permet de se faire une idée à la fois plus précise et plus exacte de la pensée de Leibniz. De 1687 à 1692 celle-ci n'a pas varié en ce qui concerne le *réalisme* de la force. La matière n'est pas l'étendue et il y a dans les corps une réalité dynamique, qui est puissance d'agir et qui existe « dès à présent », qui est même ce qu'il y a « de plus réel » dans la nature corporelle. Mais ce superlatif qui ne figure que dans le texte de 1692 marque l'achèvement d'une évolution.

On peut bien parler de l'« état » d'un corps ou d'un système de corps, avec telles et telles circonstances de situations et de vitesses, mais « le mouvement est une chose passagère qui n'existe jamais à la rigueur », c'est une réalité insaisissable et qui ne peut donc servir à estimer la virtualité qui y est contenue. Le mouvement manifeste l'existence de cette virtualité et sans lui, il n'y a rien. « Mais c'est la force qui est la cause du mouvement qui existe véritablement. » Voilà pourquoi elle est « plus réelle » que tout le reste et pourquoi aussi la nature établit sur elle ses lois.

On comprend mieux aussi les raisons des axiomes 1 et 2. La condition abstraite de l'égalité de force de deux « états » est la possibilité de substitution réciproque de l'un à l'autre sans aucune action extérieure, mais dès qu'il s'agit de manifester cette égalité il faut passer de la puissance à l'acte, c'est-à-dire considérer l'*effet entier* obtenu par la consommation complète de la « puissance d'agir ».

Telle est « la quantité de l'effet » qui « a besoin d'un peu plus d'attention pour être bien entendue » et qui pourrait servir à estimer la force *a priori* s'il n'y avait pas quelque difficulté à commencer par là l'édifice logique de la nouvelle dynamique. La méthode *a posteriori* a l'avantage de permettre d'y voir plus clair et de ne pas « s'abuser » avec des simplifications fallacieuses. Il est trop facile de parler de l'effet; celui dont on a besoin est inséparable de deux qualifications : il est futur, c'est-à-dire qu'il s'inscrit dans une durée qui lui assigne un terme et il est entier, c'est-à-dire que dans cette durée il est une totalisation.

Les catégories leibniziennes

Ayant ainsi marqué dans ses éléments essentiels l'achèvement que l'*Essay* de 1692 apporte à l'exposé leibnizien, nous sommes mieux en mesure d'en poursuivre l'étude.

L'axiome 2 est suivi de la « demande 1 » relative à la possibilité du transfert de toute la force d'un corps A sur un corps B. Le Scholie imagine pour ce transfert des successions de chocs sur des corps intermédiaires, ou tous autres modes de transmissions. « Il n'importe pas, dit Leibniz, si cela arrive médiatement ou immédiatement, tout d'un coup ou successivement, *pourvu qu'au lieu que d'abord le seul corps A était en mouvement, il se trouve à la fin que le seul corps B est en mouvement.* » Ce critère extrêmement simple est une conséquence de l'axiome 1, car s'il en est ainsi « il faut bien que (le corps B) ait reçu toute la force du corps A », « autrement une partie en serait périe ».

La consommation complète de la force de l'« état » A, qui s'achève comme il se doit avec le repos de ce corps, ne consiste pas ici à produire un « effet », mais à faire passer B d'abord au repos à un certain « état » dynamique de même virtualité.

« On peut imaginer, ajoute Leibniz, certaine machination pour l'exécution de ces translations de la force, mais quand on n'en donnerait pas la construction, c'est assez qu'il n'y ait point d'impossibilité, tout comme Archimède prenait une droite égale à la circonférence d'un cercle sans la pouvoir construire. »

Le sens de cette analogie surprenante est donné par la « demande 2 ». « Puisqu'il s'agit ici du *raisonnement pour estimer les raisons des choses et nullement de la pratique*, on peut concevoir le mouvement comme dans le vide afin qu'il n'y ait point de résistance du milieu », et on peut s'imaginer que « les surfaces des plans et des globes sont parfaitement unies afin qu'il n'y ait point de frottements et ainsi du reste ». On demande donc que les « empêchements extérieurs soient exclus ou négligés ». Et ainsi, de même que le polygone régulier inscrit ou exinscrit donne l'idée de la longueur de la circonférence par passage à la limite, de même « la machination » que l'on peut imaginer pour la transmission du mouvement donne l'idée d'une transmission parfaite par passage à la limite avec, pourrait-on dire, une lubréfaction supprimant toutes les résistances ou causes intermédiaires d'absorption de l'effort.

Il convient ici de rappeler les distinctions opérées par Leibniz en 1671 dans sa *Theoria motus abstracti* entre trois méthodes : « Geometrica, id est imaginaria sed exacta, mechanica, id est realis sed non exacta, et physica, id est realis et exacta. » La méthode géométrique indique comment les corps peuvent être engendrés, elle « imagine » et soumet cette imagination au contrôle de la non-contradiction qui la rend alors exacte. La méthode mécanique, elle, est réelle parce qu'elle renferme des procédés techniques de production et non exacte parce que, suivant l'artisan, ces procédés sont plus ou moins parfaits. La méthode physique est celle de la nature. Elle est rigoureuse et aboutit à des réalités comme celle de la technique.

Leibniz n'a pas abandonné complètement ces catégories en 1692. Il est cependant remarquable que l'exemple même donné en 1671 pour illustrer la méthode géométrique : à savoir le segment de droite qui produit un cercle en se brisant « par minima », c'est-à-dire en côtés infiniment petits, serve précisément ici d'analogie pour justifier un principe de la nouvelle mécanique. Cette nouvelle mécanique ne cesse pas d'être *réaliste,* mais elle peut rejoindre à la limite la méthode géométrique si l'on consent à sérier les difficultés et à s'occuper d'abord « du raisonnement pour estimer les raisons des choses ». « La pratique » reprendra ensuite ses droits. Le progrès qui se manifeste ainsi dans la pensée s'inscrit dans la ligne de l'effort logique dont témoigne l'*Essay* de 1692.

Leibniz n'a pas abandonné complètement ces catégories, disions-nous à l'instant. Un autre exemple nous est fourni à cet égard par le Scholie de la définition 3 que nous avions laissée de côté jusqu'ici et qui est relative au mouvement perpétuel « mécanique ». Le texte de cette définition n'est pas un modèle de clarté, mais on peut néanmoins le traduire sans le trahir, en disant que le mouvement perpétuel mécanique est celui d'une « machine » dans laquelle des corps se trouvant placés au départ « dans un état violent et agissant pour en sortir » provoquent des déplacements tels qu'« au bout de quelque temps, le tout se retrouve dans un état non seulement autant violent que celui où on était au commencement, mais encore au delà ». Le mouvement perpétuel mécanique « qu'on demande en vain », remarque Leibniz, est donc celui d'une machine qui trouve en elle-même le motif et l'entretien de son mouvement et qui non seulement ne consomme rien, aucun apport extérieur, mais est encore capable de produire quelque usage ou quelque travail de surcroît. Le Scholie de la définition indique comment on peut imaginer une telle machine : des poids étant élevés à une certaine hauteur font effort pour descendre et obligent d'autres poids à monter. « Mais la *nature* se trompe en croyant d'arriver à son but et l'*art ménage si bien les choses* qu'au bout de quelque temps, il se trouve qu'il y a tout autant de poids élevés qu'au commencement et même au-delà. » L'art, c'est-à-dire la technique de construction de la machine, croit donc pouvoir ramener la machine dans des conditions de déséquilibre au moins égales à celles du commencement. « Il est vrai, poursuit Leibniz, que *si l'on ôte les empêchements accidentels les corps descendants peuvent remonter précisément d'eux-mêmes à la première hauteur.* Et cela est nécessaire; autrement la même force ne se conserverait pas, et si la force diminue, l'effet entier n'est pas équivalent à la cause, mais inférieur. On peut donc dire qu'il y a un *mouvement perpétuel physique,* tel que serait un pendule parfaitement libre, mais ce pendule ne passera jamais la première hauteur, et même il n'y arrivera pas s'il opère ou produit le moindre effet en son chemin, ou s'il surmonte le moindre obstacle. Autrement ce serait le *mouvement perpétuel mécanique.* »

L'artifice qui consiste à attacher un poids au bout d'un fil peut donc bien « tromper » la nature en obligeant le poids qui descend à remonter, mais le mieux qui puisse arriver est que la hauteur de remontée soit la même que la hauteur de chute. Et il faut pour cela éliminer toute résistance de l'air ou tout frottement le long du parcours. Le pendule ainsi parfaitement libre est bien animé d'un mouvement perpétuel, mais ce mouvement perpétuel est idéal, à la mesure de la parfaite liberté du pendule qui n'est elle-même qu'un état idéal, limite et abstrait.

Leibniz appelle ce mouvement du nom de physique, parce que conformément aux catégories de la *Théoria motus abstracti,* il réserve ce qualificatif à ce qui est à la fois réel et conforme aux raisons exactes des choses. En ce sens, la nouvelle dynamique dont il propose l'*Essay* et dont nous venons de suivre avec quelque détail l'élaboration des principes est une dynamique physique. Sans aucun doute Leibniz n'accepterait pas le vocable de mécanique, même rationnelle.

Tout ceci permet maintenant de comprendre un détail sur lequel nous n'avions pas attiré l'attention pour ne pas compliquer les choses. Partout où nous avons parlé plus haut, en commentant Leibniz, de l'impossibilité du mouvement perpétuel, il aurait fallu dire, comme il le fait lui-même, *mouvement perpétuel mécanique.* C'est ce mouvement perpétuel seul qui est impossible, parce que toute machine réelle, quelle qu'elle soit, comporte, pour fonctionner sans fin, par succession ininterrompue de cycles, des résistances internes qui ne se laissent jamais vaincre gratuitement si peu que ce soit. C'est ce mouvement perpétuel seul qui manifesterait, s'il existait, et dans chacun des cycles qui le composerait, une création *ex nihilo.*

La cohérence logique de l'Essay de 1692

Nous pouvons aborder enfin, avec le bénéfice de cette longue étude, l'examen de ce que l'*Essay* de dynamique de 1692 apporte de plus nouveau par rapport au *De causa gravitatis* de 1690, c'est-à-dire la nouvelle démonstration de l'exemple contradictoire qui avait constitué la substance de la controverse de 1687 et qui vise à justifier l'évaluation de la force non par $m\ v$, mais par $m\ v^2$.

A l'aide d'une balance à bras inégaux, dont l'un est un peu plus grand que le quadruple de l'autre, Leibniz prouve « aisément par la statique commune » qu'un corps A de 1 livre descendant de la hauteur de 16 pieds peut élever un corps de 4 livres d'une hauteur « tant soit peu moindre que de 4 pieds », (proposition 2.) Puis il démontre (proposition 3) qu'à supposer que la quantité de mouvement se conserve toujours, on peut faire en sorte qu'à la place d'un corps de 4 livres avec un degré de vitesse on obtienne un corps d'une livre avec 4 degrés de vitesse. Enfin (proposition 4) un dispositif qui reprend la balance de la proposition 2 permet d'établir que : « supposé qu'à la place de 4 livres avec un degré de vitesse, on puisse acquérir une livre avec 4 degrés de vitesse », on peut obtenir le mouvement perpétuel *mécanique.* Ainsi se trouve réduite à l'absurde l'hypothèse de la conservation de la quantité de mouvement.

Quel contraste entre ce luxe de précautions et les textes de 1687 ! Leibniz ne parle pas de l'égalité de « force » 1 livre – 4 n pieds et 4 livres – n pieds. Il considère une balance légèrement déséquilibrée selon le principe de la « statique commune ». Et nul ne peut nier que le mouvement de cette balance conduise au résultat de la proposition 2, c'est-à-dire qu'un corps de 1 livre descendant de

16 pieds peut élever, sans autre intervention que sa propre action, un corps de 4 livres à une hauteur très proche de 4 pieds.

Ceci étant, si l'on admet d'une part la possibilité de « *transférer toute la force* » d'un corps A de 4 livres sur un corps B de 1 livre (demande 1) de telle sorte que « rien d'accidentel ou d'extérieur n'absorbe quelque chose de la force » (demande 2) le corps A étant d'abord *seul* en mouvement, ensuite le corps B, et si *d'autre part* on fait *l'hypothèse* que la quantité de mouvement « se conserve toujours », il résulte du transfert de force *et* de l'hypothèse que, si A avait au début 1 degré de vitesse, B reçoit 4 degrés de vitesse.

Leibniz évite donc soigneusement de confondre les notions de force et de quantité de mouvement et s'applique à présenter avec une logique sans défaut sa nouvelle argumentation. Il a demandé (demandes 1 et 2) qu'on lui accorde la possibilité de « transférer » toute la force d'un corps sur un autre, sans perte ni gain, et il s'agit bien de la force au sens où il l'a définie. Le corps A étant d'abord seul en mouvement, le corps B ensuite seul en mouvement, il paraît clair que si l'on fait par ailleurs l'hypothèse que la quantité de mouvement, produit de la masse par la vitesse, se conserve « toujours », la conclusion donnée s'impose. Dans les conditions précisées pour le transfert de force, rien « d'accidentel ou d'extérieur » n'intervenant, c'est-à-dire le système abstrait formé par les deux corps A et B étant seul à considérer, la conservation de la quantité de mouvement transférée du corps A au corps B résulte en effet de l'« hypothèse » générale de la conservation de la quantité de mouvement.

Quant au dispositif indiqué à la proposition 4, il n'appelle aucune remarque particulière. Sa cohérence logique interne est entière lorsque l'on admet les deux propositions précédentes. Il nous paraît simplement nécessaire et suffisant d'en transcrire ici la démonstration.

« Faisons qu'un globe A de (4) livres [1] de poids descende de la hauteur d'un pied et acquière un degré de vitesse. Soit maintenant obtenu qu'à la place un globe B d'une livre ait 4 degrés de vitesse par l'hypothèse. Ce globe B pourra monter à la hauteur de 16 pieds (proposition 1) et puis, engagé à une balance qu'il rencontrerait au bout de la montée et descendant derechef de cette hauteur jusqu'à l'horizon, il pourra élever A à une hauteur tant soit peu moindre que 4 pieds (proposition 2). Or au commencement le poids A se trouvait élevé sur l'horizon d'un pied, et B en repos sur l'horizon. Maintenant il se trouve que B redescendu est encore en repos dans l'horizon, mais que A est élevé sur l'horizon presque de 4 pieds...,

1. Voir la note du texte publié en annexe, p. 102.

ainsi A, avant que de retourner de la hauteur de 4 pieds à sa première hauteur d'un pied, pourra faire quelque effet mécanique chemin faisant... et ce jeu pourra continuer toujours et c'est obtenir le mouvement perpétuel mécanique. »

Il n'y a rien à reprendre à ce raisonnement. Admettre que la quantité de mouvement se conserve « toujours » aboutit effectivement à l'élaboration d'un mécanisme animé d'un mouvement perpétuel *mécanique* c'est-à-dire à une conclusion absurde. Et comme l'hypothèse de la conservation de la quantité de mouvement a été appliquée au cas d'un simple transfert de force, il faut donc abandonner définitivement l'idée d'estimer la force par la quantité de mouvement.

Les propositions 6 et 7 qui suivent l'argumentation dont nous venons de voir le détail ont pour but de montrer que le rôle que l'on cherchait en vain à faire jouer à la quantité de mouvement $m\,v$ est bien rempli par la quantité mv^2.

Ces propositions n'admettent pas de remarques particulières, elles s'articulent logiquement à ce qui précède. La proposition 6 montre que l'état « 4 livres, 1 degré de vitesse » a seulement le quart de la force de l'état « 1 livre, 4 degrés de vitesse » et ceci grâce à la comparaison des hauteurs d'ascension qui caractérisent l'épuisement ou la consommation des forces. La proposition 7 montre que l'état « 4 livres, 1 degré de vitesse » a la même force que l'état « 1 livre, 2 degrés de vitesse » et la conclusion s'ensuit. « Il est bon de remarquer, dit Leibniz, que toutes ces propositions et bien des choses que l'on dit ici pourraient être connues et énoncées plus généralement selon le style des géomètres. Par exemple on pourrait dire en général que *les forces des corps sont en raison composée de la simple de leur masse et de la doublée de leur vitesse* ».

Ainsi la méthode *a posteriori*, appuyée sur les définitions et les axiomes que nous avons vus, basée sur l'impossibilité du mouvement perpétuel mécanique, donne non seulement « une voie abrégée pour estimer les effets par les forces, ou les forces par les effets » (*cf. Remarques*), mais encore aboutit à une expression de la force d'un état, en fonction de ses éléments *actuels* : masse et vitesse.

Pour terminer le débat, Leibniz attire l'attention sur deux points où l'adversaire serait encore susceptible de s'abuser.

Tout d'abord, il est bien vrai que, dans le cas du choc de deux corps, il peut y avoir à la fois conservation de la quantité de mouvement totale et de la force totale. Mais ceci suppose que la différence des vitesses des deux corps avant le choc est égale à la « différence réciproque » des vitesses après le choc, c'est-à-dire ceci suppose un choc parfaitement élastique. Et il faut encore que les corps se déplacent dans le même sens, tant avant qu'après le choc. Cette précision de Leibniz est parfaitement exacte si l'on entend la quantité de mouvement au sens cartésien, c'est-à-dire en valeur absolue, et non au sens moderne de quantité algébrique. $m\,V_0^2 + m'V'^2_0 = mV_1^2 + m'\,V'^2_1$ et $m\,.|V_0| + m'\,.|V'_0| = m\,.|V_1| + m'\,.|V'_1|$ sont en effet exactes en même temps, si $(V_0 - V'_0) = -(V_1 - V'_1)$ et si V_0, V'_0, V_1, V'_1, sont de même signe. Si cette dernière condition n'est pas remplie, on a $mV_0 + m'V'_0 = mV_1 + m'V'_1$ c'est-à-dire que la quantité de mouvement ne se conserve qu'au sens algébrique. C'est là ce qui embarrassait Huygens [1]. C'est aussi, mais à un échelon au-dessous, ce que Malebranche avait de la peine à comprendre [2] et les annotations de Leibniz sur le Traité des Lois de la Communication des mouvements le soulignent. La remarque est donc d'importance. En essayant de répondre par avance à une objection possible, à savoir : « que faites-vous des cas où, comme dans la théorie des chocs, il y a conservation de la quantité de mouvement », Leibniz manifeste à quel point il possède le sujet. Et il est capable, même s'il a des hésitations comme le montre sa première rédaction envoyée à Pelisson, de rendre compte des conditions très particulières où il y a conservation au sens cartésien. Il les conçoit effectivement comme conditions très particulières. C'est là une manière souveraine.

Le second point auquel nous faisons allusion concerne l'image souvent utilisée dans les mécaniques de la fin du XVIIe siècle pour justifier la conservation de *mv*. On y considère « la masse comme de l'eau et la vitesse comme du sel qu'on fait dissoudre dans cette eau et l'on conçoit bien le sel plus étendu dans plus d'eau, ou plus resserré dans moins d'eau, et même tiré d'une eau et transféré dans une autre [3].

1. Dès 1652, Huygens avait démontré que, dans le choc de deux corps, la quantité de mouvement totale ne se conserve pas au sens cartésien. Cf. HUYGENS : *Œuvres complètes*, XVI, p. 95, I, p. 167.

Cf. aussi Propos., VI « De motu corporum ex percussione », *Œuvres*, XVI, p. 49-50. En 1654 il indiquait que la formule cartésienne pourrait être exacte dans le cas où les vitesses ont le même sens avant et après le choc et apercevait la possibilité de la conservation au sens algébrique, cf. *Œuvres*, XVI, p. 102, mais ne parvenait pas à renverser les rôles et à considérer le cas où le principe cartésien réussit, comme inclus à titre particulier dans une perspective générale.

2. Remarques manuscrites sur l'exemplaire des « Loix de la communication des mouvements », par l'auteur de la Recherche de la Vérité, à Paris chez A. Pralard, novembre 1692. Manuscrits de Hanovre LBH. MS. IV, 325. Malebranche fait un cas particulier des « vitesses contraires », p. 27, « Cela le sauve, écrit Leibniz, de l'objection que j'y voulais faire, mais aussi la règle a lieu encore quand les vitesses ne sont point contraires. »

3. La même critique est formulée dans le traité de P. Pardies S.J. : « *La Statique ou la Science des forces mouvantes* », Paris, 1re éd., 1673. Leibniz a lu Pardies, il l'a rencontré à Paris, et déclare : « Fuit mihi cum Pardesio... consuetudo non vulgaris... », GERHARDT : *Leib. math. Sch.*, VI, p. 81.

Les intentions étaient bonnes, puisque cette imagination avait sa source dans le fait qu'« on ne pouvait pas comprendre comment une partie de la force pouvait être perdue sans être employée à rien, ou gagnée sans venir de rien » et c'est bien là ce qui sous-tend aussi la pensée de Leibniz. Mais il a raison de dire qu'avec cette image « on a péché contre la métaphysique réelle et contre la science d'estimer les choses en général », car on a identifié vitesse et mouvement, on a traité de la première comme d'une matière, et l'on n'a pas institué cette réflexion première sur les principes et les notions de base que Leibniz a faite et qui permet seule de progresser avec sûreté. Sans doute Leibniz a-t-il « déjà fait voir » tout cela, mais il est intéressant qu'il y soit revenu dans cet *Essay* de 1692 et qu'il ait laissé trace de la clarté acquise par lui sur un de ces modes de pensée d'autant plus fallacieux qu'il semble davantage se rattacher à des notions naturelles et courantes : dilution et répartition homogènes.

Reste maintenant à examiner de plus près cette force qui s'évalue par mv^2 et que Leibniz appelle « vive ».

L'opposition force vive - force morte

La tradition attribue à Leibniz l'expression même de force vive. M. Guéroult indique que le terme de « vis viva » fait son apparition pour la première fois dans le *Specimen dynamicum* [1] et note que Leibniz s'est plus souvent servi de l'expression « potentia »pour désigner mv^2. Il est aisé cependant de constater que dès 1686 l'expression de « potentia viva » par opposition à « potentia mortua » appartient au langage leibnizien.

On lit en effet dans la *Brevis demonstratio*, outre les lignes que nous avons déjà citées plus haut et qui pourraient servir ici, cette déclaration plus importante encore « Est autem potentia viva ad mortuam vel impetus ad conatum ut linea ad punctum vel ut planum ad lineam » [2].

Elle est substantiellement identique au passage des « *Remarques* » de l'*Essay* sur lequel l'erreur du texte publié par Foucher de Careil avait attiré l'attention au début de ce chapitre. « Il est à considérer que l'équilibre consiste dans un simple effort (conatus) avant le mouvement, et c'est ce que j'appelle *la force morte* qui a la même

1. M. Guéroult : *Dynamique et Metaphysique leibniziennes*, Paris 1934, p. 33, note 4.
2. Gerhardt : *Leib. math. Schrif.*, VI, p. 121.

raison à l'égard de la *force vive* (qui est dans le mouvement même) que le point à la ligne ».

Ce n'est pas nous qui soulignons les expressions de force morte et force vive. Il est vraisemblable que le scrupuleux copiste qu'était Des Billettes n'a fait que transcrire ici une insistance venant de Leibniz lui-même.

L'identité de la formule de comparaison et de l'image géométrique, quand on passe du texte de la *Brevis demonstratio* au texte de l'*Essay* de 1692, montre que Leibniz n'a pas varié sur ce point fondamental au cours de la période considérée. Sans aucun doute le terme de « potentia » convient mieux que celui de « vis » à sa notion de la « force », puisque nous avons vu que le réalisme de celle-ci est attaché à la virtualité contenue dans l'« état » du corps et que la manifestation ou l'effet entier, qui permet une estimation, suppose la consommation de la « puissance d'agir ». Mais il serait évidemment inexact de rejeter en 1695, avec le *Specimen Dynamicum*, l'apparition de la notion de force vive sous prétexte que c'est dans ce texte qu'est employée pour la première fois l'expression de « vis viva ». Les textes que nous venons de relever prouvent encore une fois que la notion de force vive, nettement conçue par opposition à la force morte, existe chez Leibniz dès 1687, et l'*Essay* de 1692 témoigne que dès que Leibniz a voulu traduire en français, il a employé l'expression de « force vive ».

Absente de la controverse avec Catelan, il semble bien qu'elle n'apparaît cependant en 1692 que parce que Leibniz a approfondi et affermi sa pensée dans l'intervalle.

Le commentaire qui suit la comparaison relevée plus haut doit en effet retenir notre attention. « Au commencement de la descente, dit Leibniz, lorsque le mouvement est infiniment petit, les vitesses ou plutôt les *éléments de vitesses* sont comme les descentes, au lieu qu'après *l'élévation*, lorsque la force est devenue vive, les descentes sont comme les carrés de vitesses ».

Le terme d'élévation, qui évoque une image ascensionnelle, est ici ambigü et pourrait faire illusion. Il est clair qu'il doit être entendu ici comme l'équivalent de notre expression d'intégration. Toute la structure de la pensée est dans une opposition entre l'état naissant ou différentiel du mouvement et l'état achevé ou intégral du même mouvement. C'est cet achèvement qui fait passer la force de la mort à la vie. Reste à savoir si, dans sa volonté de caractériser la différence des deux états, Leibniz ne commet pas une erreur. Est-il exact que le changement d'état correspond à une loi si radicalement différente dans le rapport des « descentes » et des vitesses. Un moderne serait tenté de dire que les « descentes » infiniment petites sont du deuxième ordre alors que les vitesses sont du premier ordre et qu'ainsi Leibniz a parfaitement tort.

Or Leibniz ne dit pas que les « descentes » sont comme les vitesses mais que les « éléments des vitesses » sont comme les « descentes », c'est-à-dire qu'il ne fait qu'appliquer au commencement du mouvement, lorsque celui-ci est infiniment petit, la définition même de la vitesse. Il est vrai que l'expression suppose un intervalle de temps de référence fixe, mais dans le domaine de l'infiniment petit cette condition peut aisément passer inaperçue ou paraître remplie. Il est évidemment très difficile de savoir comment Leibniz a effectivement conçu les choses à cet égard.

Ce qui est certain, lorsque l'on compare sa réponse à Arnauld, que nous avons citée plus haut [1], avec la rédaction présente, c'est que Leibniz voit le mouvement infiniment petit comme un mouvement uniforme. Il disait en 1686 qu'il faut avoir égard « aux premiers efforts pour descendre *sans avoir acquis aucune impétuosité pour la continuation du mouvement* ». Il ne dit plus ici que la brève formule : « lorsque le mouvement est infiniment petit ». Le premier texte éclaire le second dans le sens que nous venons d'indiquer, car ne pas avoir acquis d'impétuosité pour la continuation du mouvement est l'équivalent de l'uniformité et de la constance de la vitesse. Et le second texte montre qu'en 1692 Leibniz ne se sent pas obligé de justifier cette uniformité autrement que par l'appel au caractère du domaine dans lequel il se place : à l'état naissant, le mouvement est uniforme parce qu'il est infiniment petit.

D'une manière analogue, là où Leibniz répondait en 1686 que lorsque l'on considère « la force absolue des corps qui ont *quelque impétuosité*, l'estimation (de la force) doit être faite par la cause ou l'effet, c'est-à-dire par la hauteur où le corps peut monter en vertu de sa vitesse », hauteur qui est proportionnelle au carré de la vitesse, il dit ici : « au lieu *qu'après l'élévation, lorsque la force est devenue vive*, les descentes sont comme les carrés de vitesses ». Le rapprochement des textes est éclairant.

L'« impétuosité », c'est la vie, et sa « puissance d'agir » se manifeste sur un être fini. Lorsque les corps sont passés du repos à un mouvement consistant, lorsque les vitesses ne sont plus infiniment petites mais finies, «*après l'élévation*», il y a une *force vive* et les espaces parcourus sont comme les carrés des vitesses. Évidemment Leibniz ne se préoccupe pas de le justifier directement, il continue

1. Cf *supra*, p. 36.

de se référer à Galilée et à Huygens pour ce résultat, mais il a dépouillé sa conception des choses de ce qu'elle véhiculait d'imagination. « Comme le point à la ligne », tout s'explique par l'opposition entre l'infiniment petit et le fini. Leibniz le soupçonnait bien déjà dès la *Brevis Demonstratio* de 1686, mais il sait maintenant qu'il n'y a pas autre chose à dire et qu'une fois de plus la géométrie trace le chemin de la vérité.

Défaut de la conception leibnizienne

Seulement, on peut bien dépouiller la pensée des imaginations ou des notions confuses qui l'ont aidée à prendre forme et consistance, mais ce n'est pas sans danger, parce que l'analyse de ce que l'on écarte ainsi risque de faire défaut. Cette « impétuosité » de l'état fini du mouvement, est-ce son actualité consistante ou sa tendance, sa poussée vers un nouvel état?, est-ce sa vitesse actuelle ou son accélération? Il est évident qu'absorbé par la séduisante clarté de l'opposition du fini à l'infiniment petit, Leibniz ne s'est pas posé la question. Et que par conséquent il ne pouvait pas achever le dessein dont il proposait l'*Essay*.

D'ailleurs sa volonté d'écarter la considération du temps, en quoi il rejoignait Descartes, ne lui permettait pas de porter dans l'analyse de la notion même de mouvement et de vitesse le souci de rigueur qu'il avait apporté pour la notion de force.

« Il est encore à propos de remarquer, dit-il dans les *Remarques*, que la force se peut estimer sans faire entrer le temps dans la considération. Car une force donnée peut produire un certain effet limité qu'elle ne surpassera jamais quelque temps qu'on lui accorde. Et soit qu'un ressort se débande tout d'un coup ou peu à peu, il n'élèvera pas plus de poids à la même hauteur, ni le même poids plus haut. »

La difficulté essentielle qu'il soulignait en 1687 dans un passage déjà cité, et qu'il exprime encore dans une lettre à Pelisson de fin 1691, à savoir que « le mouvement est une chose successive, laquelle par conséquent n'existe jamais, non plus que le temps, parce que toutes ses parties n'existent jamais ensemble »[1], Leibniz pense donc l'avoir tournée grâce au réalisme de la force « qui existe tout entière à chaque moment » et dont la quantité est indépendante de la durée de consom-

1. *De la tolérance des Religions*, Paris, Annisson, 1692, p. 9 à 14. Lettre de Leibniz à Pelisson.

mation. Ce n'est pas par hasard qu'il souligne dans les *Remarques* que sa méthode est une « *voie abrégée* ». Elle est malheureusement, dans cet abrégement même, pleine de périls.

Conclusion

Pour conclure, il nous faut souligner ce que cette méthode doit à Huygens. Leibniz lui-même a déclaré dans la *Brevis Demonstratio* l'inspiration qu'il a puisée à la lecture de la controverse entre Huygens et Catelan de 1681 à 1684 [1]. L'étroite liaison, mise en relief au cours de cette controverse, entre le principe que le centre de gravité d'un corps ou d'un système de corps pesants ne peut monter de lui-même et l'impossibilité du mouvement perpétuel lui a évidemment servi de fil conducteur [2]. Il n'a d'ailleurs jamais caché que Huygens avait été son maître en mécanique.

On ne s'étonnera donc pas de le voir ménager ce maître à l'époque où il essaie de gagner l'opinion des savants français. Le 1er avril 1692 [3], il lui écrit en effet : « Relisant dernièrement votre explication de la pesanteur, j'ai remarqué que vous êtes pour le vide et pour les atomes. J'avoue que j'ai de la peine à comprendre la raison d'une telle infrangibilité et je crois que, pour cet effet, il faudrait avoir recours à une espèce de miracle perpétuel. Cependant, puisque vous avez du penchant à approuver des choses si extraordinaires, il faut bien que vous en voyiez quelque raison considérable. » Leibniz, qui sait bien maintenant que « la nature n'agit jamais par saut » et que cet « axiome » « détruit atomos, quietulas, globulas secundi elementi, et autres chimères semblables » et « rectifie les lois du mouvement » (Leibniz à Foucher, janvier 1692) [4], Leibniz, qui a pris conscience de ce qui le sépare de son maître, s'adresse à lui sur un tout autre ton que celui qu'il utilise avec ses contradicteurs cartésiens.

M. Guéroult a raison de dire que dans l'utilisation des données fournies par Huygens, l'esprit philosophique de Leibniz se manifeste par la synthèse méthodique des grands principes de conservation

1. *Journal des Sçavans*, 1682, p. 122, 200, 224 - 1684, p. 142, 225, 312. Huygens : *Œuvres complètes*, pièces nos 2260, 2265, 2267 et IX, p. 80-81, 463. Cf. *Brevis Demonstratio*. Gerhardt : *Leib. math. Sch.*, VI, p. 120.

2. L'impossibilité du mouvement perpétuel est aussi, il convient de le dire ici, un des arguments principaux du R. P. Pardies que Leibniz a lu et qui a certainement eu une influence importante sur sa pensée. Cf. *op. cit.*

3. Gerhardt : *Der Briefwechsel von G.W.L.*, Berlin 1899, p. 694. Huygens : *Œuvres complètes*, X, p. 286.

4. Manuscrits de Hanovre BR Foucher, fo 23 (*Die Philos. Schr. Gerhardt*, I, p. 403). *Journal des Sçavans*, 2 juin 1692.

et par une coordination systématique des diverses propositions, d'où surgissent des thèses à répercussions métaphysiques que Huygens néglige ou récuse [1]. Et que d'autre part la caractéristique de l'élaboration leibnizienne est l'introduction des perspectives du calcul infinitésimal et la netteté de la notion de réalité absolue de la force. C'est bien par l'attention à ces deux éléments, considérés dans leur nature philosophique, que Leibniz dépasse Huygens.

Mais c'est davantage au réalisme de la force qu'il accorde, comme nous l'avons vu, la préférence. Il y trouve une lumière qui l'enchante et se projette bien au-delà de la science du mouvement. « *Comme je ne trouve rien de si intelligible que la force*, écrira-t-il à Bossuet en mai 1694 [2], je crois que c'est encore à elle qu'on doit recourir pour soutenir la présence réelle (eucharistique) que j'avoue ne pouvoir assez bien concilier avec l'opinion qui met l'essence des corps dans une étendue toute nue. » Et c'est de cette *seule* lumière qu'il se flatte à l'automne de 1691 « d'avoir établi une nouvelle science » qu'il appelle « *la Dynamique* » [3].

Telle est aussi sans aucun doute la raison pour laquelle l'*Essay* de 1692 ne reste pour cette nouvelle science qu'un essai.

Un simple essai, en effet, puisque son auteur se limite à proposer une réforme conceptuelle à partir de deux cas, il est vrai majeurs – celui de la pesanteur terrestre et celui du choc des corps –, mais sans ouvrir de perspectives sur le traitement de problèmes plus étendus. Et l'on peut bien comprendre qu'en cette année 1692 qui fut pour lui si marquante en raison des combats qu'il entendait mener sur divers fronts, Leibniz n'avait ni le loisir ni le goût de faire autre chose que frapper des coups décisifs et brefs, à forte densité philosophique.

Il savait bien, cependant, qu'il y avait pour la théorie de la mécanique un troisième cas majeur – celui des mouvements des planètes – sur lequel le mémoire qu'il avait publié en février 1689 dans les *Acta Eruditorum* n'apportait pas de solution satisfaisante. Sa correspondance avec Huygens en 1690-1692 montre que Leibniz n'en finissait pas de remanier ce « Tentamen de motuum coelestium causis » et la deuxième rédaction que Gerhardt a retrouvée dans les manuscrits de Hanovre et publiée

1. M. Guéroult : *Dynamique et Métaphysique leibniziennes*. Paris 1934, p. 97.
2. Manuscrits de Hanovre HS Théologie I, XIX, 7, f° 527. Foucher de Careil : *Œuvres*, II, p. 45.
3. Lettre à Pelisson, septembre-octobre 1691, Cf. *supra*, p. 53, note 1.

dans le volume VI des *Math. Schr.* (p. 161-187) ne mettait pas fin au débat. Obligé, pour des raisons d'ailleurs non négligeables, de maintenir l'hypothèse de l'entraînement des planètes dans une circulation fluide, Leibniz ne parvenait qu'à une explication boiteuse et Huygens avait beau jeu de lui opposer Newton.

Ce n'est qu'à l'automne 1689 que Leibniz lut à Rome les *Principia* de l'illustre savant anglais et l'on connaît aujourd'hui les annotations qu'il inscrivit sur son exemplaire personnel (cf. *Marginalia in Newtoni Principia,* édit. E.A. Fellmann, Paris, Vrin, 1973). Le document est à la fois décevant et significatif. Leibniz a été manifestement surpris par l'ampleur de l'élaboration newtonienne et ses premières réactions n'ont pas dépassé le stade des remarques méthodologiques.

Bien entendu il n'a pas tardé, dans les années 1692-1695, à reprendre l'effort qui s'imposait pour étendre sa Dynamique, mais aussi bien dans le « Specimen Dynamicum » dont la première partie seule fut publiée dans les *Acta Eruditorum* de 1695 que dans la deuxième version de l'*Essay de Dynamique* (~ 1698) restée elle-même inédite, il n'a pas réellement abordé les développements qui auraient illustré ses conceptions. Il s'est encore attaché essentiellement à perfectionner leur base.

Non sans bonheur, certes, puisque c'est dans ces textes que l'on voit apparaître une notion appelée à une immense fortune, celle de « l'action », qui constitue le volet mathématique et opérationnel jusque-là manquant dans les propositions de la première tentative. Il reste cependant que les réserves mêmes dont s'est entouré Leibniz posent pour l'histoire de sa pensée en matière de dynamique comme pour celle de son influence – incontestable dans la première moitié du XVIIIe siècle – des questions difficiles. Nous espérons pouvoir les traiter un jour dans le cadre d'une étude suffisamment vaste.

III

LA RÈGLE GÉNÉRALE DE LA COMPOSITION DES MOUVEMENTS

État du texte. Comparaisons et datation

La deuxième copie de Des Billettes que nous avons découverte dans les Archives de l'Académie contient, nous l'avons dit, sous le titre de *Règle générale de la Composition des mouvements par M. d. L.*, un texte analogue à celui publié par le *Journal des Sçavans* les 7 et 14 septembre 1693. Nous publions en appendice les deux textes, celui de Des Billettes et celui du *Journal des Sçavans*, dans une disposition synoptique qui permet aisément la comparaison. Le texte de Des Billettes est donné intégralement. Les intervalles qui ont été ménagés ne l'ont été que pour permettre de placer en face les variantes du texte de 1693, et pour ce dernier on s'est abstenu de reproduire les parties identiques à celles du premier texte.

Une lecture rapide suffit pour se rendre compte que le texte de Des Billettes a servi de canevas et que les variantes de 1693 sont moins des corrections que des compléments d'explications ou des gloses. L'antériorité du texte de Des Billettes est déjà, de ce fait, absolument certaine.

La comparaison des commentaires qui terminent le problème 1 permet d'être beaucoup plus précis encore. Dans le texte de Des Billettes, Leibniz cite en référence de Tschirnhaus, Fatio de Duillier et Huygens. Le texte de 1693 ne mentionne pas Huygens et ajoute aux précédents le marquis de l'Hôpital. « Enfin M. le marquis de l'Hôpital a donné sur ce sujet l'énonciation la plus générale qu'on puisse souhaiter, fondée sur la nouvelle méthode du Calcul des différences. »

C'est par l'intermédiaire de Malebranche (lettre du 8 décembre 1692) que le marquis de l'Hôpital entre en relations avec Leibniz. Et le 28 avril 1693 [1] celui-ci écrit à son nouveau corres-

1. Gerhardt : *Leib. math. Schrif.*, II, p. 237.

pondant qu'il a trouvé une solution simple du problème des tangentes aux courbes définies par une équation multipolaire. De l'Hôpital répond le 15 juin 1693 [1] en envoyant la solution à laquelle Leibniz fait allusion dans son article du *Journal des Sçavans* du mois de septembre.

Cet article a été rédigé en tenant compte de l'envoi du marquis de l'Hôpital et nécessairement très vite, car le délai entre la réception de cet envoi et le départ du manuscrit pour le *Journal des Sçavans* n'a pu être que très court. Il fallait donc que Leibniz ait en main une première rédaction sur laquelle il suffisait simplement de revoir, de compléter, de mettre au point ce qui, avec le temps passé, pouvait paraître mal dit ou insuffisant.

Enfin le schéma de la copie Des Billettes existait déjà, avec des expressions qui se retrouvent telles quelles, dans une lettre de Leibniz à Huygens du 13 octobre 1690 [2]. Il apparaît ainsi déjà à peu près certain que la période de rédaction de ce texte se situe de 1691 à 1692.

Mais on peut ajouter, dans la perspective ouverte par notre étude du chapitre I, quelques données fort intéressantes fournies par Leibniz lui-même. Il écrivait en effet à Bossuet en 1693 [3]. « Feu M. Pelisson, ayant fort goûté ce que j'avais touché de ma dynamique, m'engagea à lui envoyer un échantillon pour être communiqué à vos Messieurs de l'Académie Royale des Sciences afin d'apprendre leur sentiment : mais il ne put l'obtenir, quoique M. l'abbé Bignon et feu M. Thevenot s'y fussent employés. C'est pourquoi M. Pelisson approuva que je fisse mettre dans le *Journal des Sçavans* une règle de la composition des mouvements, pour recourir au public. » Il écrivait aussi au marquis de l'Hôpital, dans une lettre non datée, mais qui ne peut être que de l'automne 1693 [4] : « Il y a plusieurs mois que j'avais envoyé à M. Pelisson ma règle générale de la Composition des mouvements dont j'avais tiré ma règle des tangentes par les foyers, à dessein de le faire mettre dans le *Journal des Sçavans*. Mais comme sa mort est survenue, je l'ai envoyée depuis tout de nouveau. » De l'Hôpital n'avait nul besoin de cet avis puisque le 21 septembre 1693 [5], en annonçant à Jean Bernoulli

1. Gerhardt, *Leib. math. Schrif.*, II, p. 243.

2. Gerhardt : *Des Briefwechsel von G.W.L. mit mathematikern*, Berlin 1899, I p. 603. Huygens : *Œuvres complètes*, t. IX, p. 519.

3. Lettre à Leibniz à Bossuet (s.-d.), 1693. A. Foucher de Careil : *Œuvres*, I, p. 437-446.

4. Lettre de Leibniz à l'Hôpital (s.-d.). Gerhardt, *Leib. math. Schrif.*, II, p. 248.

5. Lettre de l'Hôpital à Jean Bernoulli, 21 septembre 1693. *Der Briefwechsel von J. Bernoulli* O. Spiess Basel 1955, p. 188-190.

sa propre solution du problème des tangentes, il mentionnait l'article de Leibniz dans le *Journal des Sçavans*. Il formulait aussi l'espoir de voir « son » théorème publié dans les mémoires de l'Académie. Leibniz n'avait donc pas eu tort de faire diligence pour sa publication. Il aurait été sans cela distancé par De l'Hôpital. Le but de sa *Règle générale de la Composition des mouvements* dépassait largement, cependant, le problème particulier de la construction des tangentes à certaines courbes dont nous allons avoir à nous occuper longuement, et c'est ce but qu'il importe de caractériser dès l'abord.

De son propre aveu, en effet, c'est après avoir constaté son échec auprès de l'Académie avec l'*Essay de Dynamique* que Leibniz a eu l'idée de « recourir au public » avec un article dans le *Journal des Sçavans* sur la composition des mouvements. Au témoignage d'une lettre à Foucher de mai 1687 [1], cette question était liée pour lui depuis longtemps avec ses recherches pour une doctrine d'ensemble de la dynamique. Il avait donc certainement dans ses papiers de quoi attaquer la résistance du milieu français avec un « échantillon » de sa pensée mécanique moins difficile à première vue et moins étendu que l'*Essay de Dynamique*. Une publication à ce sujet était plus aisée à obtenir et pouvait davantage constituer un ballon d'essai. Ayant obtenu l'accord de Pelisson, il lui envoya donc un texte qui est sans aucun doute celui dont Des Billettes nous a conservé la copie. La mort de Pelisson, survenue le 7 février 1693, empêcha la publication et c'est à la fois pour faire aboutir le projet tant retardé et pour prévenir l'initiative de l'Hôpital que Leibniz se hâta certainement au début de juillet 1693 de mettre au point sa deuxième rédaction.

Ainsi on peut dater sans erreur de fin 1692 le texte copié par Des Billettes et il faut retenir que ce texte, bien que relatif à une question de cinématique, était intégré à la fois à la dynamique générale de Leibniz et à sa tentative de pénétration du milieu savant français.

Pour juger de ce qu'il apporte à la connaissance de la pensée de Leibniz, il faut d'abord le situer par rapport aux textes auxquels il fait allusion, c'est-à-dire qu'il faut examiner ces textes et oublier un instant la dynamique pour entrer dans le débat ouvert par Tschirnhaus sur un problème de construction de tangentes.

1. Lettre de Leibniz à Foucher, mai 1687. A. FOUCHER DE CAREIL : *Lettres et opuscules inédits de Leibniz*, 1854, p. 69 et suiv.

Le problème de Tschirnhaus

Ehrenfried Walther de Tschirnhaus [1], célèbre par ses travaux sur les Caustiques et la construction des verres d'optique, était depuis 1682 associé étranger de l'Académie Royale des Sciences de Paris. C'est au début de l'année 1687 qu'il publia à Amsterdam son ouvrage intitulé *Medicina mentis seu tentamen genuinae logicae in qua disseritur detegendi incognitas veritates*, ouvrage dédié à Louis XIV et qui dénote un lecteur assidu de Descartes et Spinoza. Après une première partie assez courte, portant sur quatre principes de la philosophie de la connaissance, l'ouvrage comporte une assez longue étude des vérités fondamentales et des grands problèmes de la géométrie, qui se veut manifestement présenter comme un manuel didactique, une logique pratique à l'usage des candidats géomètres. C'est dans cette deuxième partie que se trouve le problème de la construction des tangentes à des courbes définies au moyen de « foyers » [2].

Les figures du texte permettent de compléter ce que les définitions proposées laissent dans l'imprécision. Tschirnhaus imagine un fil de longueur constante dont les extrémités sont fixées en des points donnés et dont un stylet assure la tension. Il s'agit d'étudier la tangente à la courbe géométrique décrite par la pointe du stylet. Si les deux points d'attache sont confondus (fig. 1), on a évidemment un cercle dont la tangente, perpendiculaire au rayon, fait avec celui-ci

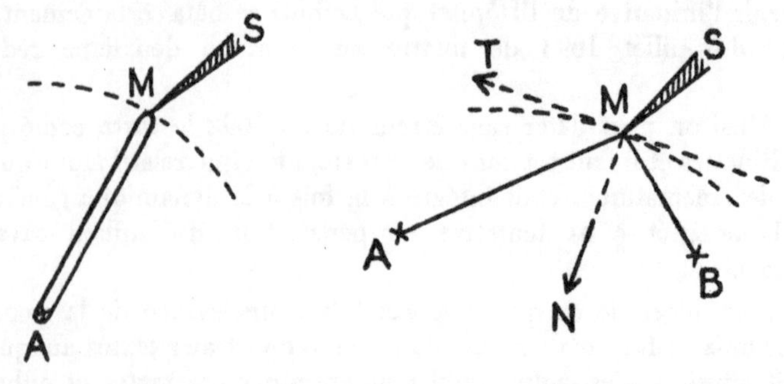

Figure 1. Figure 2.

deux angles égaux, de part et d'autre. Si les deux points d'attache sont distincts (fig. 2) on a une ellipse dont la tangente, bissectrice

1. Ehrenfried Walther von Tschirnhaus, né le 13 avril 1651 en Haute-Lusace, mort le 11 octobre 1708 en Saxe.

2. Cf. Huygens : *Œuvres complètes*, t. IX, p. 159.

de l'angle des rayons vecteurs, fait encore avec ceux-ci des angles égaux. Mais, avec deux points d'attache distincts, on peut compliquer les choses en obligeant le fil à passer autour d'un troisième point fixe (fig. 3), et l'on obtient ainsi une nouvelle courbe dont l'équation est en réalité définie par la relation entre les rayons vecteurs $r_1 + 2r_2 + r_3 = l$. Tschirnhaus indique sa solution pour la construction de la

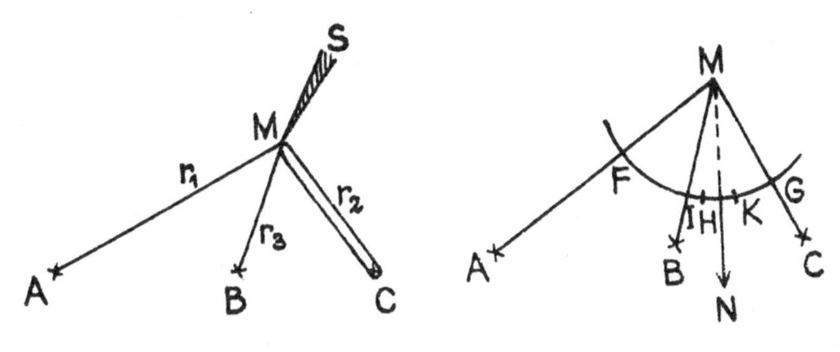

Figure 3. Figure 4.

normale MN à cette courbe. Elle consiste à tracer un cercle de centre M qui coupe les rayons vecteurs en F, I, G (fig. 4), puis à prendre les milieux H et K des arcs de cercle FG et IG, et enfin le milieu de l'arc HK. C'est par ce dernier point que passe la normale MN d'après Tschirnhaus. Malgré l'annonce d'une démonstration, on chercherait en vain dans le texte du *Medicina mentis*, de même que dans la lettre adressée par l'auteur à Huygens le 12 mai 1687 [1], quelque chose qui puisse mériter ce nom. Ce qui apparaît clairement, c'est que Tschirnhaus a cru pouvoir procéder de proche en proche, au fur et à mesure de l'augmentation du nombre de « foyers », par des séries de « bissections » d'angles, concrétisées par des bissections d'arcs de cercle.

Les reproches formulés par Fatio de Duillier [2] dans le numéro d'avril 1867 de la *Bibliothèque Universelle et Historique* [3] sont donc parfaitement justifiés. « Il a jugé, dit Fatio, que sa méthode était bonne, faute d'examiner assez une pensée *qui paraît vraie par induction* et qui semble dans la pratique ne pas s'éloigner beaucoup de la

1. Cf. HUYGENS : *Œuvres complètes*, t. IX, p. 134-144.

2. Nicolas Fatio de Duillier, né à Bâle en 1664, citoyen de Genève, se rendit à Paris à 18 ans pour étudier l'astronomie sous J.D. Cassini, s'établit à Londres en 1687 et devint en 1688 membre de la Royal Society. Célèbre par le rôle qu'il joua dans la dispute entre Leibniz et Newton, il mourut dans le comté de Worcester en 1754.

3. *Bibliothèque universelle et historique*, avril 1687, t. V, p. 25 et suiv.

vérité, mais qui néanmoins ne répond nullement à l'exactitude géométrique, excepté dans quelques cas particuliers et lorsque les lignes décrites par les fils sont plus simples. »

Fatio ne fut pas le seul à formuler une telle critique. Leibniz écrivit à Tschirnhaus [1] pour lui déclarer aussi que sa méthode « ne pouvait réussir que rarement et que son dénombrement des lignes courbes de chaque degré ne va pas bien ». Mais afin de clarifier l'exposé nous examinerons à part l'intervention de Leibniz dans le débat et nous poursuivrons d'abord ce qui concerne Fatio de Duillier et Huygens.

La solution de Fatio de Duillier

Dans l'article qui vient d'être cité (avril 1687) Fatio de Duillier se propose d'abord de construire la tangente à la courbe définie en coordonnées bipolaires par l'équation $\lambda r_1 + \mu r_2 = C^{te}$, λ étant le nombre de brins du fil sur le segment AC et μ le nombre de brins sur le segment CD. Il annonce d'abord le résultat : sur les segments CA et CD on prend deux longueurs égales CM et CP, puis sur MP le point N qui partage MP dans le rapport de μ à λ. CN est la normale à la courbe décrite par C (fig. 5).

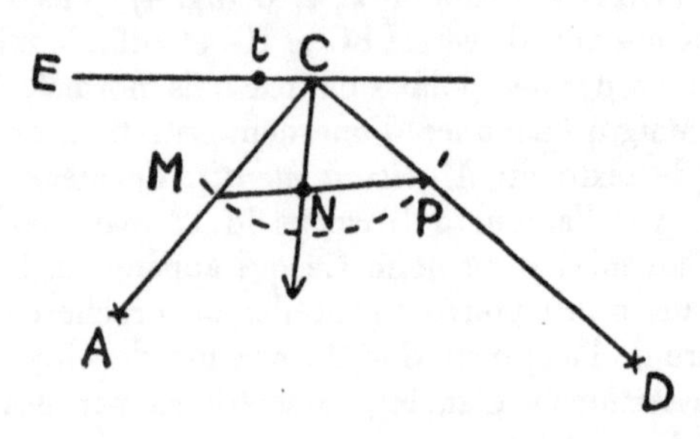

Figure 5.

La démonstration, donnée immédiatement, consiste à prendre sur la perpendiculaire CE à CN un point quelconque *t* distinct de C et à montrer à l'aide de raisonnements géométriques (évaluations de distances et triangles semblables) que ce point *t* est « hors de la courbe». La conclusion est qu' « il n'y a aucun point de la courbe, excepté C, sur la droite CE » et que celle-ci est bien la tangente cherchée.

Fatio établit la comparaison entre sa solution et celle de Tschirn-

1. Lettre de Leibniz à Huygens, 13 octobre 1690. Cf. p. 58 note 2.

haus. Les bissections indiquées par celui-ci reviennent, et c'est parfaitement exact, à diviser l'arc de cercle MP dans le rapport considéré par Fatio (de μ à λ), alors que c'est le segment de droite MP qu'il faut diviser. Toute la différence est là. Mais elle est d'importance puisqu'on ne saurait confondre l'arc et la corde. On conçoit bien certes que, relativement à la direction de la normale ainsi déterminée, il puisse y avoir accord entre les deux solutions pour des cas particuliers et qu'en général la solution de Tschirnhaus « ne s'éloigne pas beaucoup, dans la pratique, de la vérité ».

Cette solution est cependant parfaitement fausse. « On peut démontrer en effet, dit Fatio, que les tangentes de toutes les lignes géométriques se trouvent par la résolution d'une égalité où l'inconnue ne monte qu'à une seule dimension », c'est-à-dire par la résolution d'une équation linéaire. Et si la solution de Tschirnhaus était exacte, « on aurait démontré que la section d'un arc de cercle dans un rapport donné peut se faire à l'aide de la règle et du compas ». L'argument aurait sans doute besoin d'une mise en forme judicieuse pour avoir toute sa valeur, mais cette valeur est indéniable et nous avons tenu à le reproduire, car il donne une mesure de la classe de l'adversaire que Tschirnhaus avait rencontré en la personne de Fatio de Duillier.

L'article de ce dernier se termine par la généralisation de la solution envisagée au cas de plusieurs foyers, c'est-à-dire au cas de la courbe d'équation $\lambda r_1 + \mu r_2 + \nu r_3 + \ldots = C^{te}$. La normale CN est définie par le « centre de pesanteur » des points M, P, Q... équidistants de C sur chaque rayon vecteur et affectés des poids λ, μ, ν.

Cette énonciation générale, extrêmement importante du point de vue des textes de Leibniz que nous étudions, n'est pas suivie d'une démonstration.

Il faut attendre le deuxième article de Fatio dans le numéro d'avril 1689 de la *Bibliothèque Universelle et Historique* [1] pour avoir cette démonstration. Cet article répond à Tschirnhaus dont la défense a simplement consisté à dire que les courbes à deux foyers considérées par Fatio sont au plus du 4e degré et que par conséquent, sa méthode ne s'étend pas non plus « à une infinité de lignes ». Fatio l'accorde aisément, il a voulu « démontrer qu'une certaine méthode », présentée comme générale, n'était pas exacte et c'est « de propos délibéré » qu'il a cherché « des exemples faciles et de peu d'étendue » où cette règle se révèle défectueuse. « Si M. de Tschirnhaus ne s'est pas aperçu que sa méthode l'engageait à diviser un arc donné en une raison donnée, c'est qu'il n'a pas eu le temps d'examiner assez sa

1. *Bibliothèque universelle et historique*, avril 1689, t. XIII, p. 46-76.

doctrine et d'en reconnaître toutes les conséquences ». Et « pour lui rendre justice » comme il semble le demander, on peut seulement dire « qu'il a conçu une pensée fort belle et fort étendue d'un théorème qui ne lui était pas encore connu » et qu'il a été « l'occasion de sa découverte ».

La démonstration de ce théorème est un bel exemple de la méthode des infiniments petits, et l'on ne peut qu'admirer sa sobre élégance.

Soit *m* le point de la courbe définie par l'équation $\Sigma\lambda.ma = C^{te}$, avec tel nombre de foyers *a* que l'on voudra et soit à déterminer la tangente en *m* à cette courbe. Si l'on désigne par *t* un point « infiniment voisin » de *m* sur cette tangente, « *t* peut être considéré comme point de la courbe même ». Lorsque l'on passe de *m* à *t*, la somme algébrique des allongements et des raccourcissements des rayons vecteurs, affectés des coefficients λ, μ, ..., est donc nulle. Or on peut assimiler (fig. 6) les perpendiculaires *ti* sur les rayons vecteurs à

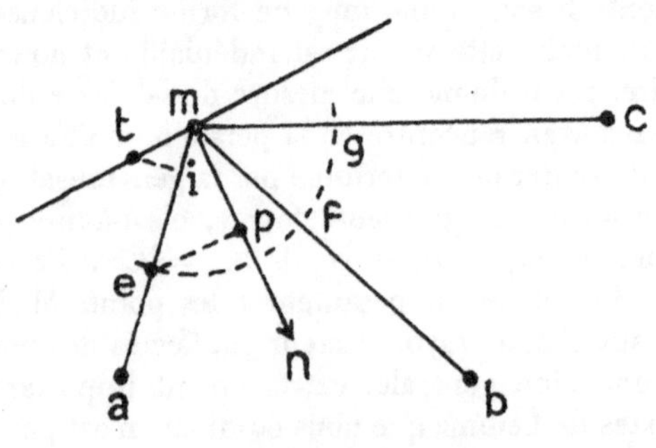

Figure 6.

des arcs de cercle ayant pour centre les foyers, tels que *a*. Ainsi *mi* représente la variation du rayon vecteur dans le passage de *m* à *t* et l'on a $\Sigma\lambda.mi = 0$. Si l'on considère alors le point *e* de *ma* à une distance donnée fixe de *m*, et la perpendiculaire *ep* à la normale *mn*, la similitude des triangles (*mep*) et (*tmi*) permet de conclure que $\Sigma\lambda.ep = 0$. Ainsi *mn* est bien « l'axe de pesanteur des points *e*, *f*... affectés des poids λ, μ, ... ».

Fatio généralise au cas des courbes définies par $\Sigma\lambda.r^p = \text{Cte}$, et énonce que les poids à affecter aux points *e*, *f*... sont λr^{p-1}, ... etc., ...même si *p* est fractionnaire. Il ne le démontre pas, mais sans doute parcequ'il le juge inutile, après l'exposé précédent. Il est bien clair en effet que l'équation aux différentielles doit être ici remplacée par : $\Sigma\,[\lambda r^{p-1}].mi = 0$.

Fatio et Huygens

Est-ce de cette manière que Fatio avait conçu les choses dès 1687? Ici se place l'histoire instructive d'une curieuse hésitation de la part de l'auteur d'une si belle solution. On lit dans les papiers de Huygens [1] « Le 12 ou 13 mars (1687) M. de Duillier me communiqua sa méthode des tangentes pour les lignes courbes de M. de Tschirnhaus. Le lendemain je lui montrai ma démonstration exacte. Dimanche le 16 je trouvai que la perpendiculaire à la tangente devait passer par le centre de gravité de tous les fils qui servent à la description de la courbe en portant sur eux des portions égales depuis le point donné et le démontrai dans le cas de 2 ou 3 fils. Lundi 17 je dis cela à M. de Duilliers qui voulut le nier d'abord, ayant été fort près pourtant de trouver la même chose, mais l'ayant ensuite rejetée ».

Dans l'article de 1689, Fatio de Duillier avoue qu'au moment où il découvrait son théorème « un illustre mathématicien de Hollande était dans le chemin de le découvrir ». « Et même il l'avait prouvé pour les lignes décrites avec peu de foyers et il concevait comment il pourrait le faire par degrés pour les lignes plus composées. Il se servait du même principe que j'emploie pour ma démonstration et que je lui avais communiqué. Comme il était occupé à faire la sienne, il m'était arrivé, je ne sais comment, à cause du désordre où étaient les papiers sur lesquels j'avais fait ma recherche, que je commençais à douter de ce théorème. Mais lui, m'ayant dit qu'il trouvait qu'il était véritable, je le reconnus d'abord en jetant les yeux sur les figures que j'avais faites et je compris que je n'avais pas eu de sujet raisonnable d'en douter ».

L'absence de démonstration, que nous avons soulignée, dans l'article de 1687, s'explique donc à la lumière des textes que nous venons de rassembler. En mars 1687, Fatio hésitait encore sur l'exactitude d'un raisonnement dont il possédait cependant les éléments essentiels et qui était à base géométrique. C'est l'affirmation de Huygens qui lui a rendu confiance et l'on pourrait trouver aisément curieuses les explications qu'il fournit : ce désordre de papiers qui serait la cause du premier doute, la confiance revenue « en jetant les yeux sur les figures faites ». Il vaut mieux ne pas les prendre à la lettre et se rappeler qu'à cette époque où la géométrie et le calcul infinitésimaux sont encore dans l'enfance, il n'y a rien d'extraordinaire à ce qu'un excellent mathématicien éprouve des doutes sur la

1. Huygens : *Œuvres complètes*, t. IX, p. 181, pièce n° 2469.

validité de ses raisonnements, à ce qu'il soit réconforté par l'accord positif d'un très grand maître.

Cet accord positif porte sur le fait que la normale à la courbe passe par le centre de gravité des points définis comme il a été dit et affectés de poids convenables. Il porte aussi d'après Fatio sur le principe de la démonstration. Mais ce dernier point est-il exact et quelle est la part de Huygens dans la découverte? Il nous faut procéder à un examen soigneux des textes mis à notre disposition par la grande édition des œuvres complètes de Huygens pour essayer de répondre à ces deux importantes questions.

Nous avons transcrit plus haut les données les plus immédiates des notes de Huygens, en mars 1687, notes qui supposent la présence de Fatio à La Haye et permettent de suivre jour par jour l'évolution de la discussion. Ces notes apportent encore bien davantage. Après avoir souligné l'hésitation de Fatio à la date du 17, Huygens ajoute: « Cependant ce qu'il avait trouvé de la somme des sinus servait à démontrer facilement le théorème du susdit centre de gravité et était très beau. Voyez à la page précédente ». Ce que l'on voit à la page précédente, c'est tout simplement l'ébauche de la démonstration de 1689. Seulement, au lieu de remplacer les variations infinitésimales *dr* des rayons vecteurs par les distances *ep* proportionnelles, Fatio les remplaçait alors par les sinus des angles des rayons vecteurs avec la normale. « Il avait trouvé, continue Huygens, le centre de gravité de tous les points N (fig. 7). Puis il considéra que la somme

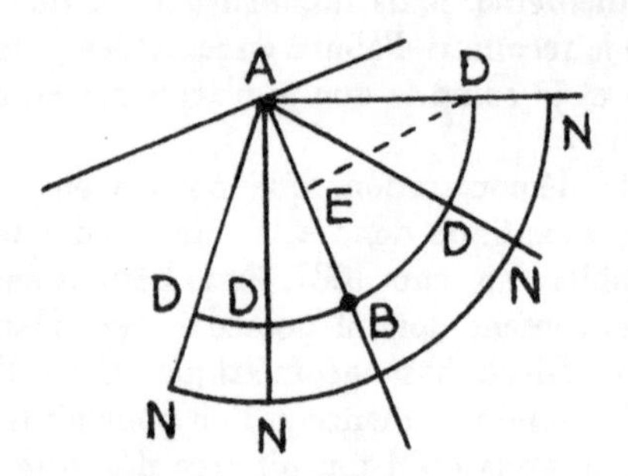

Figure 7.

de toutes les perpendiculaires tirées d'un point de la ligne AB, si elle était perpendiculaire à la tangente, devait être égale d'un côté et d'autre de cette ligne. Ensuite il crut que ces distances depuis les centres de gravité des fils au point B étant égales d'un côté et d'autre, cela ne convenait point au centre de gravité. Mais s'il avait mené des points D des sinus sur AB, il aurait vu qu'ils étaient chacun égaux aux perpendiculaires de B sur les lignes AN et qu'ainsi BA était le vrai axe de pesanteur des fils ».

Fatio avait donc pressenti le résultat et cherchait *a posteriori* à en vérifier l'exactitude. Il convient ici de ne pas oublier sa première démonstration limitée au cas simple de deux foyers. Le résultat, à savoir que la normale à la courbe passe par le point qui partage le segment MP dans le rapport inverse des nombres λ, μ, appelait de lui-même une généralisation faisant intervenir le centre de gravité des points tels que M, P, appelés ici N. Il n'y a donc pas lieu de s'étonner du processus suivi. Fatio a considéré le centre de gravité des points N et cherché à démontrer que ce point se trouve toujours sur la normale à la courbe.

En remplaçant les sinus des angles par les distances aux rayons vecteurs d'un point B de la normale, dans l'équation déduite de $\Sigma\, dr = 0$, Fatio effectuait un calcul parfaitement correct, car les distances en question sont bien proportionnelles aux sinus. Il s'agissait alors pour lui de vérifier que le centre de gravité des points N, ou des fils (l'ambiguïté de ce « ou » n'ayant pas d'importance à cause de l'homothétie de centre A) répond à une telle équation, c'est-à-dire que la somme des distances de ce point aux fils est bien la même, « de part et d'autre de la ligne » qui le joint à A. Or le centre de gravité en question est tel, par définition, que la somme de ses distances aux points N (ou aux centres de gravité des fils) est la même « de part et d'autre » (équation des moments). Le doute qui a surgi dans son esprit s'explique donc aisément. La même égalité ne semble pas devoir être réalisée à la fois pour les distances perpendiculaires du point considéré aux fils et pour les distances obliques que sont les dernières distances envisagées. Sans doute il s'agit de part et d'autre de sommations de distances, mais le scrupule de Fatio apparaît légitime. Et il n'a pas vu ce que remarque aussitôt Huygens, à savoir que dans l'équation aux sinus ceux-ci peuvent être remplacés par les distances DE, ce qui montre immédiatement que la normale AB cherchée est une droite de moment nul pour les fils AN et donc passe par le centre de gravité des points N.

En définitive, l'hésitation de Fatio tenait à une manière défectueuse de remplacer les sinus de son équation par des longueurs proportionnelles. Entre deux traductions équivalentes, il n'avait pas d'emblée choisi la bonne, celle qui fait apparaître immédiatement le résultat, celle qu'il indiquera lui-même plus tard dans son article de 1689. Et cette bonne traduction, c'est Huygens qui l'a trouvée.

La solution de Huygens

On pourrait ainsi considérer que les questions que nous avions posées plus haut ont reçu une réponse suffisante. Cependant l'étude de la pensée de Huygens a encore quelque chose à nous apprendre.

Sur un papier portant la date du 12 novembre 1687 [1], Huygens écrit : « Si trahantur omnia fila aequalia ab aequalibus ponderibus sit que A centrum gravitatis punctorum omnium extremorum seu linearum ipsarum aequalium, manebit nodus seu punctum A ex nostro theoremate. Hinc probari potest summam istam filorum aequalium esse minimam, quia alias pondera trahentia possent descendere mutato loco A nodi et ideo descenderent (fig. 8).

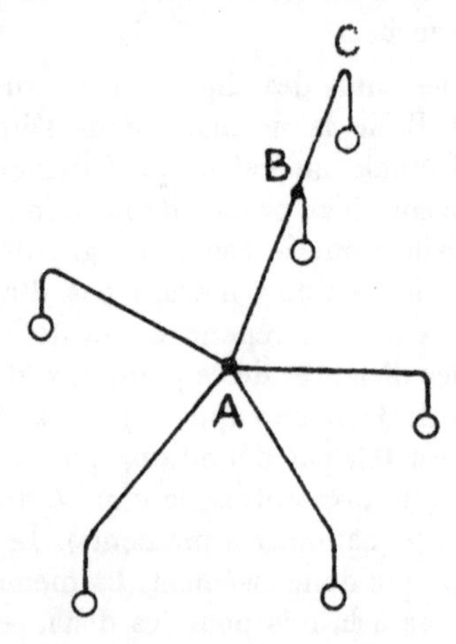

Figure 8.

Quod si ita manent, manebunt etiam licet aliqua fila producantur, ut AB in C. Ergo et linea AC cum reliquis est summae brevissimae.

Ergo quod in plane demonstratur ex problemate tangentium Fatii et nostro, hic etiam in solido verum esse evincitur ».

Le point de départ des considérations de ce texte est donc la figure d'équilibre constituée par des poids égaux tirant sur des fils de longueurs égales noués entre eux au centre de gravité des points d'attache ou des petites poulies qu'il faut imaginer pour la transmission de l'action des poids. Huygens en déduit que la somme des longueurs des fils dans cette position d'équilibre est minima, parce que, s'il en était autrement, dans un déplacement du point A, il y

1. Huygens : *Œuvres complètes*, t. IX, p. 183.

aurait une descente de poids et par conséquent l'équilibre n'aurait pas lieu dans la position indiquée, il y aurait effectivement un mouvement de rupture de cet équilibre. Quelques mots sont nécessaires pour expliciter davantage ce raisonnement trop concis. Si la somme des longueurs des fils n'était pas minima, dans un déplacement de A, il n'y aurait pas compensation entre les allongements et les raccourcissements des différents fils et les raccourcissements l'emporteraient dans leur ensemble sur les allongements. Les descentes des poids correspondants l'emporteraient sur les remontées, le centre de gravité de l'ensemble des poids descendrait. Et c'est bien là le signe que la position de départ considérée comme position d'équilibre serait contredite. L'exactitude de ce raisonnement n'est évidemment pas atteinte si au lieu d'attacher le fil AB en B, on place l'attache ou la petite poulie de transmission du poids en un point C quelconque de la droite AB. Une telle modification est sans effet sur les conditions d'équilibre de la première figure considérée et elle ne change rien à l'allongement ou au raccourcissement du fil correspondant dans un déplacement très petit du point A. On peut donc s'affranchir d'une certaine manière de la donnée primitive de fils de longueurs égales. Ces longueurs peuvent être quelconques. Il y a équilibre dans la position considérée si les fils sont noués entre eux en un point A qui soit le centre de gravité des points B situés sur les fils à une même distance donnée quelconque de A. Cette condition étant remplie, la somme des longueurs des fils est minima pour la position considérée. Ceci étant, si parmi les n fils qui interviennent dans la question on porte son attention sur l'un d'entre eux, on constate qu'un petit déplacement de A normal à ce fil ne modifie pas la longueur de ce même fil et se traduit donc pour les $(n-1)$ autres fils par une exacte compensation des allongements et des raccourcissements, ou par une équation de la forme $\Sigma\, dr = 0$, r représentant les longueurs des $(n-1)$ fils ou les distances de A aux points d'attache. Le fil isolé passe évidemment par le centre de gravité des $(n-1)$ points B correspondants aux $(n-1)$ autres fils, puisque A est le centre de gravité des n points B, et d'autre part, puisque $\Sigma\, dr = 0$ pour le déplacement envisagé de A, ce déplacement, qui est normal au fil isolé, répond en même temps à une définition géométrique par rapport aux $(n-1)$ autres fils, à savoir $\Sigma r = C^{te}$. Ainsi le problème de la construction de la normale au lieu géométrique des points défini par une équation de la forme $\Sigma r = C^{te}$ par rapport à tant de foyers que l'on voudra est résolu et *ceci que les rayons vecteurs* r *soient ou non dans un même plan.*

Tel est, sept mois après la discussion avec Fatio, l'état achevé de la solution de Huygens dont on ne saurait assez admirer l'élégance et la puissance démonstrative. Mais l'exposé didactique, précisément parce qu'il procède par déduction d'une proposition mécanique *a priori* fort éloignée de la question purement géométrique à étudier, ne restitue pas l'ordre de la découverte.

Pour y voir plus clair, il faut remonter à l'élaboration de ce théorème d'équilibre que Huygens caractérise comme sien : « *ex nostro theoremate* ».

Ce théorème se trouve dans un mémoire de l'Académie des Sciences de 1667, publié en 1693 par La Hire dans le recueil « *Divers ouvrages de Mathématiques et de Physique par MM. de l'Académie Royale des Sciences* », sous le titre « De potentiis fila funesve trahentibus ». En voici l'énoncé : « Datis positione punctis quotlibet sive in codem plano fuerint sive non, si a puncto, quod eorum commune est gravitatis centrum, ad unumquodque datorum fila extendantur eaque singula trahantur a potentiis qual sunt inter se ut filorum longitudines, fiet aequilibrium manente nodo communi in dicto gravitatis centro ».

Il importe de suivre le détail de la démonstration. Soient A, B, C, D, E les points donnés, qui sont ou non dans un même plan. Huygens leur attribue le même « poids » et recherche de proche en proche leur centre de gravité : F milieu de AB, G tel que GC = 2 GF, H tel que HD = 3. HG, etc. Il effectue ainsi la *construction géométrique* du centre de gravité K de l'ensemble des points. Si de ce

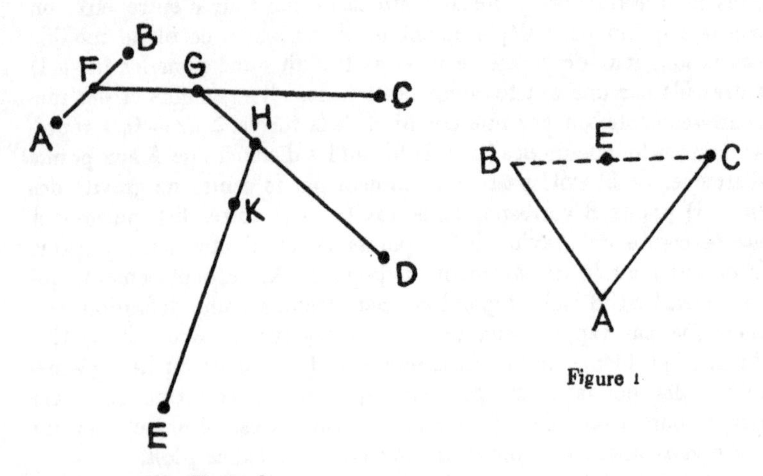

Figure 2.

Figure 1

point K, dit-il on « étend » des fils jusqu'à A, B, C, D, E, qui soient « tirés par des puissances proportionnelles aux longueurs », il y a équilibre pour l'ensemble des fils et des puissances considérées. Le raisonnement procède encore par degrés. Les puissances AK et BK équivalent à 2 FK, 2 FK et CK équivalent à 3 GK, etc. et les puissances correspondantes aux points A, B, C, D équivalent en définitive à 5 HK. Cette dernière « s'oppose directement » à la puissance EK, et l'équilibre de l'ensemble en résulte immédiatement (fig. 9). Huygens renvoie explicitement à une proposition placée au début du mémoire : si deux fils AB et AC exercent sur A des tractions proportionnelles aux longueurs des fils multipliés par des nombres N et O, les deux tractions équivalent dans leur ensemble à une traction $AE \times (N + O)$, E étant le point qui divise BC dans le rapport « réciproque » de N à O (fig. 10).

L'enchaînement des propositions est donc parfaitement logique et aisé à suivre. Mais il faut aller chercher le point de départ dans la partie non publiée en 1693 du mémoire de septembre 1667. Ce point de départ est le texte très bref suivant, accompagné d'une figure suggestive [1] (fig. 11).

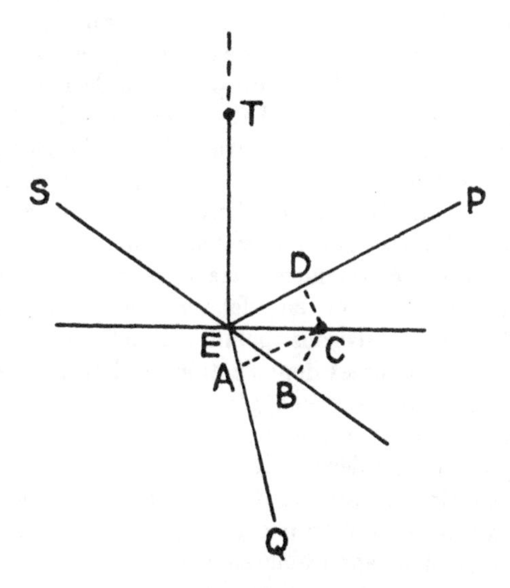

Figure 11.

1 HUYGENS Œuvres complètes, t. XIX, p. 51, pièce VII.

« Sit nodus in C. Ergo PE raccourci de DE, QE de AE, SE allongé de BE. Oportet DE in p + AE in q — BE in $s \propto 0$ ».

La figure ne laisse aucun doute. Le nœud des puissances p, q, s suivant PE, QE, SE étant en équilibre est considéré comme équivalent à un poids suspendu par un fil de longueur donnée à la verticale du point de suspension T. Le seul petit déplacement compatible avec la liaison et sans effort est un déplacement horizontal EC. Il en résulte deux raccourcissements DE, AE pour les fils PE et QE, et un allongement BE pour le fil SE. Il doit y avoir compensation des efforts correspondants et Huygens écrit sans hésiter une équation de travaux virtuels : la somme des produits des puissances par les différentielles des rayons vecteurs doit être nulle.

Il en déduit la condition d'équilibre des trois « puissances » concourantes, puis la proposition donnant la puissance équivalente à deux puissances données, par des raisonnements sur lesquels nous aurons à revenir dans un instant, mais que nous ne caractérisons pas davantage immédiatement afin de ne pas embrouiller une matière déjà complexe.

L'essentiel à noter dès maintenant pour l'objet qui nous occupe est en effet obtenu. Le point de départ de Huygens en 1667 est un problème d'équilibre de trois fils tendus et ce problème est résolu par lui grâce à des considérations étonnamment proches de celles que nécessitaient en 1687 la solution du problème de Fatio. Si Huygens a si rapidement levé le doute de Fatio, puis élaboré la belle solution que nous avons vue, c'est qu'il avait depuis longtemps tous les éléments pour le faire et il est très probable que devant les figures de Tschirnhaus et de Fatio il a eu l'impression du déjà vu.

Les figures données par Tschirnhaus dans sa *Medicina mentis* l'ont peut-être ramené davantage vers la recherche d'une interprétation mécanique. On y voit en effet une corde maintenue dans la position voulue par ses liaisons (points d'attache, passage autour de points fixes) et par le stylet dont l'extrémité doit décrire la courbe. De là à substituer au problème géométrique un problème d'équilibre, la distance n'est pas grande, surtout pour un maître comme Huygens, mais la réalité dépasse la conjecture. Huygens recherchant en 1667 la condition d'équilibre de trois puissances ou de trois fils tendus avait trouvé la solution par une équation minimale et dessiné une figure directement applicable au nouveau problème proposé.

Ce « même principe » que Fatio déclare lui avoir communiqué et qui est, nous l'avons vu, que $\Sigma\, dr = 0$ pour un déplacement de la pointe du stylet le long de la courbe, il est bien clair qu'il est d'un type fort familier au mathématicien de Hollande. Et parce qu'il s'est déjà servi de raisonnements semblables pour obtenir les théorèmes d'équivalence des puissances concourantes et d'équilibre des fils tendus, en faisant intervenir la notion du centre de gravité, on comprend qu'il n'ait eu aucune peine en 1687 à exprimer le résultat de la construction de la normale à la courbe à l'aide d'un centre de gravité. Il se mouvait évidemment dans un domaine où l'enchaînement des propositions géométriques et mécaniques n'avait pas pour lui de secret.

Il convient cependant de remarquer que lorsque Huygens introduit, pour exprimer la puissance équivalente à deux puissances données, le centre de gravité de deux points, ce n'est là qu'un résultat obtenu par voie géométrique. La transformation de la condition d'équilibre de trois puissances montre que la puissance équivalente à deux puissances données doit passer par le point qui divise un segment dans un rapport simple. C'est cette propriété géométrique qui fait reconnaître dans le point considéré un centre de gravité. De même, et nous l'avons souligné, la démonstration du théorème d'équilibre des fils noués en un point A, qui est centre de gravité des points situés sur les fils à une même distance de A, ne fait intervenir aucune propriété mécanique du centre de gravité. On voit donc combien il faut de précautions si l'on veut caractériser l'une par rapport à l'autre les positions de Fatio et de Huygens au moment de leur discussion de mars 1687.

Il est exact que Huygens se distingue de Fatio, comme nous venons de le dire, par une grande familiarité avec un domaine où propositions géométriques et propositions mécaniques sont liées les unes aux autres. Il est exact que la notion d'équilibre et sa traduction sous diverses formes sont pour lui le fil conducteur. Mais lorsqu'il exprime les résultats à l'aide de centres de gravité, il le fait parce que certains points répondent à la définition géométrique de tels centres et en cela il ne se distingue pas de Fatio.

Seulement, alors que Fatio ne savait encore en 1689 que déduire le résultat de son théorème grâce à un raisonnement de type géométrique, en montrant que la normale à la courbe donnée est une droite de moment nul, Huygens au contraire avait élaboré dès novembre 1687 une solution plus franchement mécanique. Que le lecteur se reporte à ce texte remarquable et à notre commentaire et il notera aussitôt cette différence essentielle : les raisons dernières que Fatio trouve dans des considérations de géométrie infinitésimales, Huygens a fini par les obtenir dans le fait que la côte du centre de gravité d'un système de points en équilibre réalise un minimum.

J. A. 839180.

La solution de Leibniz

Le terrain est donc déblayé pour examiner dans cette affaire l'intervention de Leibniz. Nous avons cité plus haut un court passage de la lettre à Huygens du 13 octobre 1690 dans laquelle Leibniz s'accorde avec Fatio pour déclarer que la règle donnée par Tschirnhaus ne peut réussir que rarement. Il faut y regarder de plus près.

« Je me mis à chercher une meilleure règle pour déterminer les tangentes par les foyers et filets, ajoute Leibniz, et je la trouvai. Mais pour la publication, j'ai été prévenu par M. Fatio Duilliers, dont je ne suis pas fort fâché, car il me semble qu'il a bien du mérite. Je vous dirai pourtant ma manière. »

Nous examinerons plus loin cette manière. Relevons pour l'instant que Leibniz affirme avoir envoyé des remarques à Tschirnhaus aussitôt « après la publication de son ouvrage » et avoir trouvé une meilleure règle dans le même temps, règle qu'il n'a pas pu rendre publique à cause de l'article de Fatio. Cette déclaration concorde avec les commentaires du problème 1 du texte que nous étudions.

Il devrait être possible de vérifier l'exactitude de l'affirmation de Leibniz grâce aux correspondances et aux textes imprimés des personnages en cause. Malheureusement les données ne sont pas très claires.

Les relations de Tschirnhaus avec Leibniz étaient certainement amicales en 1686. Foucher écrivait à Leibniz au début de 1687 [1] : « On m'a prêté le livre de votre ami Thirnous, de medicina mentis et corporis. Je n'en ai lu encore que le commencement et le trouve excellent », et Leibniz lui répondait en mai de la même année [2] : « M. Tschirnhaus était autrefois bien plus cartésien qu'il n'est à présent. Mais j'ai contribué quelque chose à le désabuser ». Il ajoutait au sujet du *de medicina mentis:* « Il y a quantité de bonnes pensées dans le livre de M. Tschirnhaus. Sa manière de concevoir des foyers qui soient des lignes ou des points est une belle invention mais il y a quelques particularités et des conséquences où je tiens qu'il va trop vite. Car il croit de pouvoir déterminer aisément le nombre de toutes les courbes de chaque degré, ce que je sais de ne pouvoir être ainsi. Et je voudrais avoir su son dessein de faire imprimer l'ouvrage pour le désabuser de bonne heure. Mais cela ne diminue rien de l'estime que je fais de son esprit ». Cette estime ne résista pas cependant à l'épreuve du temps puisque Leibniz écrivait à Huygens le 13 octobre

1. A. Foucher de Careil : *Lettres et opuscules*, 1854, p. 79.
2. Op. cit. p. 69 et suiv.

1690 : « Je n'ai pas plus que vous, Monsieur, raison d'être content de M. de Tschirnhaus, car il m'est arrivé plus d'une fois qu'il a oublié d'avoir vu auprès de moi des échantillons des choses qu'il a données par après ». Que Leibniz s'accorde avec Huygens pour accuser Tschirnhaus d'une certaine désinvolture dans l'utilisation des idées qui lui ont été communiquées, constitue évidemment sur ce dernier un jugement péjoratif. Mais celui-ci n'existerait pas que l'on ne devrait pas s'étonner de voir Leibniz se séparer de Tschirnhaus. Les titres seuls des mémoires présentés par Tschirnhaus à l'Académie les 23 décembre 1701 et 10 janvier 1702 sont significatifs : « *Méthode pour trouver les rayons des développées, les tangentes, les quadratures et les rectifications de plusieurs courbes sans y supposer aucune grandeur infiniment petite* » et « *Méthode pour trouver les touchantes des courbes mécaniques sans supposer aucune grandeur infiniment petite* ». Tschirnhaus ouvrit par ces deux mémoires une controverse passionnée avec Jean Bernoulli et le marquis de l'Hôpital, controverse dans laquelle il se montra un adversaire irréductible du calcul différentiel. On comprend aisément la mention écrite de la main de Leibniz sur la copie d'une lettre à Tschirnhaus non datée, mais de la période 1685-1687 [1]. Leibniz y vantait les bienfaits de son calcul différentiel. « Ist nicht abgegangen » note-t-il en marge sur la minute. L'envoi a été différé *sine die*, sans doute, parce que Leibniz s'est rendu compte qu'il avait affaire à un esprit peu enclin à recevoir les nouveautés et à se laisser « désabuser » autant qu'il l'avait pensé tout d'abord. Le préjugé favorable qu'il avait d'abord accordé à son compatriote s'est rapidement dissipé entre 1687 et 1690.

On aimerait cependant savoir sur quel point précis portait la critique que Leibniz affirme avoir adressée à Tschirnhaus au sujet de sa solution du problème des tangentes du *de medicina mentis*, ainsi que l'exemple qu'il indique aussi avoir donné pour mettre en défaut cette solution. Malheureusement il ne reste aucune trace dans la correspondance connue de Leibniz avec Tschirnhaus, et l'on doit se contenter de quelques conjectures.

Dans sa réponse du 18 novembre 1690 [2], Huygens dit à Leibniz : « J'eus quelque part à la règle de M. Fatio pour les centres de gravité, comme il l'a avoué lui-même dans les journaux. Mais ce fut lui qui

1. GERHARDT : *Leib. math. Schrif.*, t. IV, p. 507.
Calculus differentialis ostendit non tantum quidquid ab aliis circa tangentes et quadraturas hactenus repertum est, sed et innumera, in quae nisi *calculo meo* usus (cujus nuper initia quaedam Lipsiam publicanda misi) non tacile incidit quia isto calculo omnia mira brevitate et claritate oculis ac menti objiciuntur.

2. HUYGENS : *Œuvres complètes*, t. IX, p. 538.

me montra le premier la faute de M. de Tschirnhaus ». Et nous avons vu plus haut combien Fatio sut, en effet, caractériser cette faute avec une netteté remarquable. Lorsque l'on met alors en parallèle le passage de la lettre de Leibniz à Foucher que nous avons cité, on ne peut se défendre d'un malaise. Tout ce que Leibniz trouve à dire pour définir son jugement au sujet de la solution de Tschirnhaus est bien pâle à côté de la critique incisive de Fatio. Passe encore pour cette « quantité de bonnes pensées » que Leibniz déclare avoir trouvées dans le *de medicina mentis*. La politesse exige quelque fois plus qu'on ne voudrait. Mais la suite ne permet guère de se faire d'illusion. Leibniz n'a pas saisi d'emblée que la solution de Tschirnhaus était radicalement fausse.

Ce qui l'a séduit dans cette solution, c'est la « belle invention » qui consiste à « concevoir des foyers qui soient des lignes ou des points » et il tient seulement que l'auteur « va trop vite ». On est loin, avec cette critique vague et imprécise, des expressions vigoureuses de Fatio.

Fatio, il est vrai, ne s'occupe même pas de la généralisation qui enchante Leibniz et c'est pourquoi nous n'en avons pas encore parlé. Lorsque Tschirnhaus remplace un point foyer par une courbe fermée, il faut entendre qu'à la place du rayon vecteur r on doit considérer la longueur l d'un fil tendu depuis le point courant M de la courbe à étudier jusqu'à un point fixe de la courbe foyer (cf. fig. 12). Pour

Figure 12.

une courbe à un seul « foyer », définie par $l =$ Cte, c'est-à-dire pour une développante du « foyer », la tangente en M est normale à la partie rectiligne du fil tendu, exactement comme lorsque le foyer est ponctuel. Et nous avons vu que c'était là la propriété de base utilisée par Tschirnhaus pour élaborer l'ensemble de sa solution dans le cas de plusieurs foyers, par des séries de bissections. On comprend donc aisément pourquoi la généralisation de ses résultats à des courbes définies par rapport à des foyers non ponctuels, au sens qui vient d'être précisé, n'appelait de sa part aucune justification supplémentaire.

De fait, cette généralisation, dans la perspective d'un raisonnement exact, ne souffre pas de difficulté. La différentielle *dl* pour un déplacement infinitésimal du point M reste en effet la projection de ce déplacement sur le fil tendu et il n'y a rien à modifier à la solution de Fatio qui est valable que les foyers soient ou non ponctuels. Fatio s'en est-il rendu compte? Il n'est pas possible de le dire, étant donné le silence complet qu'il observe à l'égard de la question des courbes foyers. On peut simplement penser que la chose n'était pas au-dessus de ses capacités, et qu'il avait du moins en main, avec ses principes de solution, le moyen de fournir la raison véritable de l'exactitude de la généralisation.

Il est évident qu'il n'en était pas de même pour Leibniz. Devant la solution de Tschirnhaus, son esprit philosopphique allait droit à l'admiration d'un résultat englobant des définitions plus générales que celles données avec des foyers ponctuels, mais il n'avait pas, sur le fond, un jugement ferme, faute peut-être de s'y être appliqué suffisamment. Il avait seulement l'impression que Tschirnhaus allait « trop vite » en besogne et que les choses étaient plus complexes qu'une intuition rapide ne permettait de le croire à première vue. Le point particulier où il était prêt par ses recherches antérieures à trouver Tschirnhaus en défaut n'était pas ce qui concernait le problème précis de la détermination des tangentes aux courbes considérées, mais ces conséquences par où Tschirnhaus croyait « aisément de pouvoir déterminer le nombre de toutes les courbes de chaque degré ». Ce n'est donc pas directement que l'attention de Leibniz a été attirée sur la validité profonde des raisonnements de Tschirnhaus.

Dès lors que penser des affirmations de sa lettre à Huygens du 13 octobre 1690. A-t-il réellement conçu, au début de 1687, une solution meilleure du problème des tangentes? A-t-il réellement été distancé dans la publication par l'article de Fatio? On ne peut que poser ces questions sans y apporter de réponse nette. Il n'est pas impossible qu'après sa lettre à Foucher du début de 1687, Leibniz ait précisé son sentiment en découvrant cet exemple dont il parle à Huygens et où la solution de Tschirnhaus se trouvait en défaut. Il n'est pas impossible que dans le même temps où Fatio mettait au point sa solution pour être publiée, Leibniz ait trouvé le même résultat par une autre voie. Mais il n'est pas impossible aussi que ce soit la lecture de Fatio qui ait poussé Leibniz à élaborer cette nouvelle

« manière » de concevoir la solution qu'il convient maintenant d'examiner.

« J'avais trouvé et démontré ce principe général, écrit Leibniz à Huygens le 13 octobre 1690, que tout mobile ayant plusieurs directions à la fois doit aller dans la ligne de direction du centre de gravité commun d'autant de mobiles qu'il y a de directions, si l'on imaginait le mobile unique multiplié autant de fois pour faire réussir entièrement et en même temps chacune, et que la vitesse du mobile dans cette direction composée doit être à celle du centre de gravité de la fiction comme le nombre des directions est à l'unité ». L'application de ce principe général à la construction de la tangente aux courbes de Tschirnhaus est ensuite donnée en des termes exactement semblables à ceux que l'on retrouve dans le texte de 1692. « Le style qui tend les filets pourrait être conçu comme ayant autant de directions égales en vitesse entre elles qu'il y a de filets. Car comme il les tire, il en est tiré ».

Nous ne nous dissimulons pas ce qu'à la simple lecture ces textes peuvent avoir d'obscur. Huygens lui-même ne fut pas enchanté puisqu'il répondit le 18 novembre 1690 : « Votre méditation pour les tangentes par les foyers me paraît bien profonde. Elle suppose pourtant des choses qui ne peuvent être admises pour évidentes. Et quoique de *tels raisonnements puissent quelquefois servir à inventer* l'on a ensuite besoin d'autres moyens pour des *démonstrations plus certaines* ».

C'est peut-être grâce à cette résistance de Huygens, exprimée en des termes qui devaient aller droit au cœur de Leibniz, que nous devons les explicitations plus complètes du principe général de la composition des mouvements contenues dans les textes que nous publions.

L'état le plus achevé de la rédaction est donné par le texte du *Journal des Sçavans* de 1693. Ce texte fait suite, nous l'avons dit, à une prise de contact avec le marquis de L'Hôpital. Sans entrer dans aucun détail, ni rien avancer qui puisse servir à ce dernier, Leibniz annonçait le 28 avril 1693 à son nouveau correspondant qu'il avait en main une solution meilleure et plus simple que celle de Tschirnhaus, une solution *fondée sur une jolie considération de mécanique.* Alerté sur les difficultés de cette *jolie considération* par les remarques de Huygens, Leibniz, en préparant son texte pour la publication dans le *Journal des Savants* a visiblement cherché à se faire comprendre au mieux.

Nous suivrons donc la rédaction de 1693 qui explicite clairement la substance de la communication faite à Huygens en 1690.

Un mobile A est supposé soumis à « diverses tendences » telles que si chacune agissait isolément, elles feraient parcourir au mobile d'un mouvement uniforme en une seconde de temps les segments de droite AB, AC, AD, AE, etc. Pour trouver le mouvement résultant de l'action simultanée des diverses « tendences » Leibniz use d'une fiction. Il imagine que le mobile se partage également entre les « mouvements pour satisfaire parfaitement à tous ensemble ». S'il y a quatre « tendences », par exemple, « il ne peut échoir à chacune qu'une quatrième partie du mobile qui devra aller quatre fois plus loin, pour avoir autant de progrès que si le mobile tout entier avait satisfait à chaque tendence ». Le centre de gravité des parties du mobile progresse aussi quatre fois plus loin et son déplacement donne le déplacement cherché du mobile A indivisé et soumis à l'action composée des diverses « tendences ». En appelant G le centre de gravité des points B, C, D, E où aboutirait le mobile A si chaque tendence agissait séparément, AM = 4 × AG est le déplacement composé ou résultant.

En termes modernes, la règle générale de composition des mouvements donnée par Leibniz est donc la suivante. Si $\overrightarrow{AB}$, $\overrightarrow{AC}$, $\overrightarrow{AD}$, $\overrightarrow{AE}$ sont les vitesses des mouvements composants auxquels est soumis le mobile A, $\overrightarrow{AM} = 4.\ \overrightarrow{AG}$ est la vitesse du mouvement composé.

La démonstration en est immédiate, car il résulte de la définition même du centre de gravité G des points B, C, D, E que $\overrightarrow{AB} + \overrightarrow{AC} + \overrightarrow{AD} + \overrightarrow{AE} = 4.\overrightarrow{AG}$. Un moderne pourrait donc être tenté de faire à Leibniz la grâce de ne pas discuter sa propre démonstration de peur de se perdre dans des arguties ou des détails insignifiants. Mais il suffit pour être délivré de cette crainte de remarquer que pour obtenir un résultat aussi simple, de cinématique pure, Leibniz se croit obligé de passer par des considérations dynamiques. Il emploie indifféremment les termes de « tendences » et de « mouvements » et fait manifestement intervenir la notion de masse. Sa démonstration mérite donc d'être étudiée de près, elle est d'une structure pour le moins curieuse et susceptible de porter une lumière nouvelle sur sa pensée.

Mais parce que cette étude nous éloignerait un instant de notre sujet, à savoir la solution du problème de Tschirnhaus, et parce qu'elle constitue à elle seule un tout séparé, nous ne l'aborderons qu'après avoir examiné comment Leibniz applique sa règle générale de composition des mouvements à la construction des tangentes aux courbes définies en coordonnées multipolaires.

« On doit considérer, dit Leibniz, que le stile qui tend les filets pourrait être conçu comme ayant autant de directions égales en vitesse entre elles qu'il y a de filets, car comme il les tire, il en est tiré. Ainsi la direction composée qui doit être dans la perpendiculaire à la courbe, passe par le centre de gravité d'autant de points qu'il y a de filets. Et ces points, à cause de l'égalité des tendences sont également distants du stile et tombent ainsi dans les intersections du cercle (de centre A, de rayon quelconque) avec les filets ».

Notons d'abord l'identité de ce résultat avec celui de Fatio et de Huygens et donc son exactitude. Comme Fatio et Huygens, Leibniz considère les points situés sur les fils à une même distance quelconque donnée du point de la courbe, il affecte chacun de ces points d'un poids égal au nombre de fils superposés sur la même direction et prend le centre de gravité de leur ensemble. La normale à la courbe passe par ce centre de gravité.

Pour parvenir à ce résultat, Leibniz voit la pointe du « stile » placée en A en équilibre sur la courbe dont il s'agit de construire la tangente et soumise à des forces de tension égales de la part de tous les brins de fils qui y aboutissent.

La tension résultante ou composée est normale à la courbe et il est ainsi bien clair que Leibniz résout le problème comme un problème d'équilibre d'un mobile assujetti à demeurer sur une courbe. Pour trouver la direction de la tension composée, il applique sa règle générale de composition des mouvements, ce qui implique simplement la proportionnalité entre chaque force qui s'applique au « stile » du fait des brins de fil qui le relient à l'un des foyers et le mouvement naissant que cette force engendrerait si elle agissait seule. Il n'y a pas là de difficulté réelle. Mais Leibniz exprime que pour chaque brin du fil il y a égalité de l'action et de la réaction et que la tension du fil est en définitive la même partout, et il estime de plus que la main qui tient le « stile », de manière que le fil reste tendu, assure de ce fait un équilibre de forces compatible avec un déplacement de la pointe du même stile. Huygens avait bien quelque motif d'être mal à l'aise devant le mélange ainsi proposé entre des considérations dynamiques et cinématiques. La solution de Leibniz n'était d'ailleurs à priori valable que dans le cas où la définition de la courbe à considérer passait par l'intermédiaire d'une machinerie comportant un nombre entier de filets reliant le stile scripteur à chaque foyer.

Or aucune machinerie de ce genre n'est nécessaire pour concevoir géométriquement la courbe définie par l'équation $\Sigma\lambda r = C^{te}$, quelle que soit la nature des nombres λ. Cette équation impose que pour un déplacement infinitésimal AA' du point courant A on ait $\Sigma\lambda dr = 0$, et

Leibniz aurait pu simplement remarquer que dr étant la distance de A à la perpendiculaire abaissée de A' sur le rayon vecteur correspondant, cette relation signifie, selon sa propre règle de composition des mouvements, que A se trouve sur la direction du mouvement de A' composé à l'aide de mouvements de vitesse λ, orthogonaux aux rayons vecteurs. D'où il est immédiat que la direction perpendiculaire à AA' est bien celle du mouvement fictif de A composé à l'aide de mouvements de vitesse λ suivant les rayons vecteurs. La question étant ainsi résolue dans le cadre de la géométrie infinitésimale, le résultat obtenu permet évidemment de traduire l'équilibre indifférent du stile A, sur la courbe qu'il peut décrire, par des tensions radiales proportionnelles aux nombres λ.

La solution de Leibniz pouvait donc être rendue correcte, en la libérant de la confusion mécanique, déjà soulignée, par un retour à l'équation différentielle de la courbe. Elle pouvait être aussi, de cette manière, généralisée au cas envisagé par Fatio : $\Sigma\lambda r^p = C^{te}$. Cette généralisation était cependant impossible sur la forme donnée par Leibniz, avec la considération confuse et intuitive de tensions égales suivant les fils. Et ceci achève le jugement.

Pour si paradoxal que cela paraisse, dans ce problème qui regarde la géométrie infinitésimale, ce n'est pas Leibniz qui utilise « son calcul ». C'est Fatio et Huygens qui se rapportent comme il convient à l'équation différentielle de la courbe à étudier, le premier pour en faire une étude géométrique directe, le second pour en donner une interprétation mécanique. Leibniz lui, se laisse entraîner par une intuition séduisante et pense avoir tourné la difficulté par une « jolie considération mécanique » qui ne vaut pas grand chose.

En définitive s'il a vraiment trouvé cette solution avant d'avoir lu Fatio, il a eu raison de ne pas entrer en contestation avec lui. Il n'y aurait pas gagné. Et il apparaît en cette affaire sous un jour nouveau : celui d'un sentimental, prompt à subir l'attrait des éclairs d'une géniale intuition, moins armé pour en pousser l'analyse jusqu'aux profondeurs nécessaires.

Le point final au sujet du « théorème de Fatio pour les tangentes » est donné par le marquis de l'Hôpital dans sa lettre à Leibniz du 15 juin 1693 et dans sa lettre à Jean (I) Bernoulli du 21 septembre 1693. Après tout ce que nous avons dit, quelques mots suffiront pour caractériser cet achèvement d'une solution controversée.

Nous avons déjà dit que Leibniz, dans sa lettre à L'Hôpital du 28 avril 1693, se contentait de lui signaler qu'il avait trouvé une solution meilleure et plus simple sans lui donner aucune indication susceptible de le mettre sur la voie. C'est donc par ses propres moyens que L'Hôpital s'est attaché à résoudre le problème et qu'il a réussi à donner à la solution ce caractère le plus général qu'il reproche à Fatio de ne pas avoir considéré.

« Soit une ligne courbe MPN, dit-il (fig. 13), telle qu'ayant mené d'un de ses points quelconques P aux foyers A, B, C, etc., des lignes droites PA, PB, PC, leur relation soit exprimée par une *relation quelconque*. Si l'on prend les différences de cette équation et qu'ayant

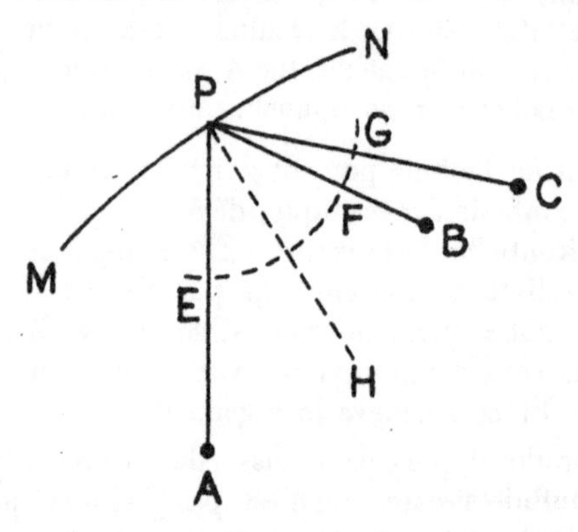

Figure 13.

décrit librement du centre P un cercle qui coupe les lignes PA, PB, PC aux points E, F, G, on conçoive ces points comme étant chargés de poids qui aient entre eux la même raison que *les quantités qui multiplient les différences* des lignes sur lesquelles ils sont situés, je dis que la ligne PH qui passe par leur commun centre de pesanteur H sera perpendiculaire à la courbe ».

Le principe de la démonstration est celui de Fatio, mais L'Hôpital a compris que l'essentiel de l'application de ce principe réside dans l'équation différentielle de la courbe. Et c'est pourquoi, insatisfait de voir Fatio procéder par généralisations successives pour assurer le résultat relativement à des courbes de plus en plus complexes, comme si cette progression avait une raison d'être dans la nature des choses, L'Hôpital part d'emblée de la définition la plus générale de la courbe à étudier : $f(r_1, r_2, ...) = 0$.

Dans l'équation différentielle de cette courbe $\Sigma \frac{\partial f}{\partial r_i} . dr_i = 0$ se trouve la relation générale qui lie les « différences » des rayons vecteurs pour un déplacement infinitésimal sur la courbe, et la traduction donnée par Fatio reste valable en prenant pour les « poids » à affecter aux points E, F, G, etc. « les quantités qui multiplient les différences », c'est-à-dire $\frac{\partial f}{\partial r_i}$. En vérité, on peut penser que le mérite de L'Hôpital, pour avoir trouvé cette expression générale, n'est pas grand. Fatio et Huygens, nous l'avons dit, avaient su se rapporter à l'équation différentielle de la courbe, et lui avaient donc préparé largement le terrain. Pourtant le fait de la généralisation de L'Hôpital témoigne en lui-même d'un mérite qui est loin d'être négligeable. Celui de l'attention portée à ce qui fait le succès de la solution et à ce qui en constitue aussi l'essentiel.

Que Leibniz ait été dépassé sur ce point dans l'usage de « son » propre calcul des différences, c'est encore une fois une infortune, mais une infortune qui est souvent le lot des plus grands maîtres.

La composition des mouvements

Il nous faut cependant, pour mieux comprendre Leibniz, revenir sur cette règle générale de la composition des mouvements qui l'a entraîné dans une solution médiocre du problème des tangentes.

Car il faut bien le dire, maintenant, cette solution lui est apparue comme une application particulière d'un principe très général et, dans la mesure où ce principe n'a pas été cherché pour les besoins de la cause, il est évident que le jugement doit être nuancé.

Deux faits sont, à ce point de vue, à relever. Dans un article des *Acta Eruditorum* de juin 1686 : *de Geometria recondita* [1], Leibniz proposait d'admettre parmi les courbes géométriques celles qui, comme la cycloïde, peuvent être décrites exactement par un mouvement continu. Faisant allusion à cet article, Huygens écrivait à Fatio le 11 juillet 1687 [2] qu'il attendait des éclaircissements sur la méthode des tangentes « nouvelle invention qui sera si belle si elle est applicable à toutes les courbes géométriques quand même ces dernières du genre de M. Leibniz n'y seraient point comprises ».

Ainsi l'attention de Leibniz en 1686 s'était portée sur les courbes à définition mécanique que les classifications de l'époque et les concepts admis ne permettaient pas de considérer sur le même plan que les courbes « géométriques ». Il pensait qu'il n'y avait pas lieu d'établir une cloison étanche entre deux catégories de courbes sui-

1. *Acta Eruditorum*, juin 1686, p. 292.
2. Huygens : *Œuvres complètes*, t. IX, p. 181.

vant le mode de définition [1]. Huygens, au contraire, semble avoir douté de cette pensée, notamment en ce qui concerne le traitement du problème des tangentes. Il est donc plus que vraisemblable que la règle générale de composition des mouvements de Leibniz et son application à la solution du problème de Tschirnhaus s'insèrent dans une préoccupation d'ensemble du grand philosophe allemand : montrer que les considérations de mouvements composés permettent de résoudre des questions ne relevant *a priori* que de la géométrie seule, et affaiblir ainsi les distinctions admises entre des catégories trop tranchées.

Le deuxième fait qu'il convient de souligner est la déclaration de Leibniz à Foucher dans sa lettre de mai 1687 déjà citée.

« M. de Mariotte et quelques autres ont fait voir que les règles de M. Descartes sur le mouvement s'éloignent tout-à-fait de l'expérience, mais ils n'ont pas fait voir la véritable raison. Aussi M. de Mariotte se fonde le plus souvent sur des principes d'expérience dont je puis faire voir la raison par mon axiome général, duquel à mon avis dépend toute la Mécanique.

Les Règles de la composition des mouvements sur lesquelles plusieurs se fondent en ces matières souffrent plus de difficultés qu'on ne pense ».

L'axiome général, dont dépend toute la Mécanique de l'avis de Leibniz, c'est évidemment la conservation de la force absolue et l'on comprend aisément qu'à côté de cet axiome, les principes de Mariotte lui apparaissent comme fondés surtout sur l'expérience. Défaut grave aux yeux d'un métaphysicien. Mariotte avait cependant le mérite de proposer pour la Mécanique une axiomatique qui ne préjuge rien de la coordination force-mouvement. Il n'en était pas de même pour des auteurs comme le R. P. Bernard Lamy et l'abbé Pierre Varignon.

Dans son *Projet d'une nouvelle Méchanique*, publié en juillet 1687, ce dernier se basait sur la composition des forces par la règle du parallélogramme, déduite de la composition des vitesses. La querelle de priorité qui opposa à ce sujet Lamy et Varignon est complexe et difficile, mais pour l'objet qui nous occupe ici est certainement sans intérêt. Il nous importe seulement de retenir ce dont cette querelle

1. Il importe de remarquer ici que les courbes considérées par Tschirnhaus sont manifestement issues de la recherche confuse de procédés de descriptions graphiques permettant de dépasser l'usage de la règle et du compas. La liaison avec l'aspect mécanique de la question s'explique bien d'une part, et la préoccupation du dénombrement de ces courbes et de leur assimilation à des courbes « géométriques » est d'autre part fort compréhensible.

témoigne. A savoir qu'en 1687, l'idée d'utiliser la composition des mouvements pour y découvrir un principe de base de l'étude des forces était suffisamment dans l'air pour prendre forme chez des auteurs travaillant indépendamment.

Leibniz l'avait rencontré sur sa route, même si ce n'était pas d'une manière aussi nette et rationnelle que dans l'ouvrage de Varignon. Il n'est pas étonnant qu'il ait été ainsi amené à réfléchir sur la composition des mouvements. La règle générale qu'il indique à cet égard et que nous avons explicitée plus haut d'après la rédaction de 1693 ne diffère que dans la forme et par une énonciation plus générale de la règle du parallélogramme. Celle-ci équivaut strictement à la règle leibnizienne pour la composition de deux vitesses, et son application répétée donne évidemment de proche en proche, par récurrence, le résultat de Leibniz pour un nombre quelconque de mouvements composants. Ici encore c'est donc moins le résultat qu'il convient de considérer que la manière dont il est obtenu.

Cette manière, Leibniz trouve que, chez ceux qui utilisent comme nous venons de le dire la composition des mouvements, elle « souffre plus de difficultés qu'on ne pense ». Elle consiste pourtant dans une constatation simple à première vue. Si le mobile A est soumis aux mouvements de vitesse AB et AC (fig. 14), tout se passe comme si,

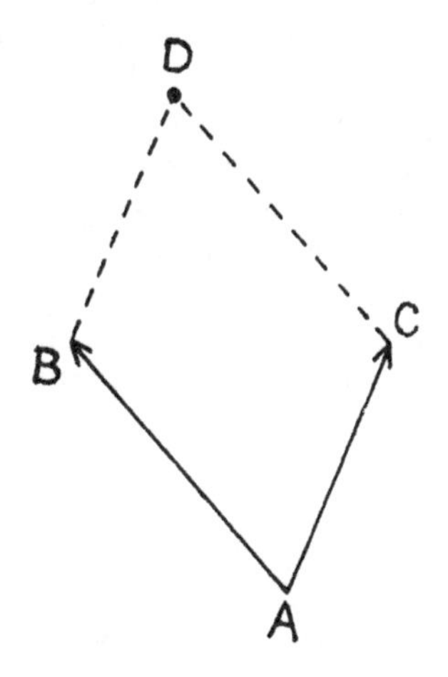

Figure 14.

parvenu au point B au bout d'une seconde de temps, le mobile avait suivi l'« entraînement » de la droite AB dans une translation uniforme de A en C suivant le mouvement de vitesse AC. Le mobile est donc parvenu en réalité, dans le même temps, au point D quatrième sommet du parallélogramme construit sur AB et AC. D'où la vitesse composée AD, diagonale du parallélogramme [1].

Constatation simple à première vue, disions-nous à l'instant. Elle l'est en effet pour quiconque est habitué à séparer les notions et à s'abstraire des conditions mécaniques concrètes nécessaires à la réalisation d'une telle composition de mouvements, pour ne considérer que la nature cinématique de la question. Mais à une époque où il n'en était pas ainsi, bien des difficultés ne pouvaient manquer d'être soulevées. Il fallait en particulier admettre, pour recevoir le raisonnement précédent, que deux mouvements ne se gênent jamais mutuellement dans leur application simultanée [2]. Cette indépendance réciproque paraissait assurée lorsque les directions sont perpendiculaires. Elle semblait douteuse lorsque les directions font un angle quelconque. D'autre part, pour ceux qui, comme les Cartésiens, étaient fidèles au dogme de la conservation de la quantité de mouvement, au sens scalaire du mot, un tel résultat était ruineux, puisque la somme des quantités des mouvements composants ne saurait donner la quantité du mouvement composé [3].

En formulant le jugement que nous avons souligné, Leibniz rejoignait les Cartésiens dans leur répugnance à traiter la composition des mouvements comme un problème indépendant des conditions mécaniques, et donc dynamiques, de réalisation. Ce que nous savons de sa pensée mécanique, ce que nous avons étudié à propos de l'*Essay* de dynamique, nous permet de n'avoir à cet égard aucun étonnement. A celui qui ne trouvait rien de si intelligible que la force et qui, comme son grand adversaire Descartes, essayait d'éliminer des principes la considération du temps — cette chose qui à l'instar du mouvement n'existe jamais à la rigueur puisque ses parties ne sont jamais toutes ensemble — il est évident que le problème de la composition de mouvements agissant simultanément sur un mobile ne peut pas

1. Cf. Roberval : *Observations sur la composition des mouvements*, 1675. Mémoires de l'Académie des Sciences, t. VI, 1730, p. 90.

P. Varignon : *Projet d'une Nouvelle Mechanique*, 1687, Lemme 3.

Nouvelle Méchanique, édit. posth., 1725. Principe général : Corollaires I, II, III, et Lemme, I, p. 13.

B. Lamy : *Traité de Méchanique*, 2° édit. 1687, annexe : Lettre à Dieulamant, juillet 1687.

2. Cf. P. Varignon : *Nouvelle Mechanique*, Lemme, II, p. 14.

3. Cf. P. Varignon, *Nouvelle Méchanique*, p. 24.

Nouvelles de la République des Lettres [Nuguet], avril 1705, art. 2, p. 389 et suiv.

apparaître comme autre chose qu'un problème de dynamique[1]. Et un problème qu'il faut résoudre, comme il convient, dans la perspective d'unité de doctrine créée par l'axiome général que l'auteur se flatte d'avoir trouvé pour cette science.

Le mobile A soumis à divers mouvements ne sera donc pas pour Leibniz un point géométrique, mais un point matériel doué d'une masse. L'application simultanée des mouvements sera une action obligeant ce point matériel à « satisfaire » à ces « diverses tendences » toutes ensemble, car il est bien entendu qu'il n'y a pas de mouvement sans « tendence », sans « puissance d'agir » et qu'il faut constamment passer de l'un à l'autre de ces deux aspects d'une même réalité si l'on veut comprendre le phénomène. L'action totale à laquelle est soumis le point matériel est une sommation des puissances d'agir des diverses « tendences » composantes. On peut donc imaginer de faire éclater le point matériel en autant de morceaux égaux qu'il y a de « tendences » à satisfaire. Pour fixer les idées, nous l'avons vu, Leibniz en suppose quatre. Chaque fraction du mobile initial doit aller, dit-il, quatre fois plus loin en épuisant la puissance de chaque tendence que si cette puissance s'exerçait sur le mobile entier. C'est-à-dire que le principe qui préside à cette partie du raisonnement est la conservation de la quantité de mouvement au sens vectoriel. Le centre de gravité des fractions est donc quatre fois plus éloigné de la position initiale du mobile que le centre de gravité des positions atteintes par le mobile entier obéissant séparément à chaque « tendence » — simple question d'homothétie — et d'autre part, c'est ici le nœud de la démonstration, ce centre de gravité des fractions est la position que le mobile entier atteint sous l'action totale des tendences, parce qu'il est équivalent pour le centre de gravité du mobile et pour son déplacement de pratiquer l'éclatement indiqué ou de ne pas le faire. Le principe suivi ici est donc une propriété du centre de gravité d'une masse composée de parties. Que ces parties restent concentrées pour épuiser globalement la puissance totale appliquée

1. Telle était aussi la pensée profonde de P. Varignon. :

« Un mouvement résultant du concours d'action de deux ou plusieurs forces s'appelle d'ordinaire mouvement composé : non qu'il le soit de plusieurs autres mouvements mais parce qu'il résulte de ce concours de forces comme d'une seule qui serait composée de ce qu'elles y emploient d'action. » *Nouvelle Méchanique*, 1re section, VI.

Tout en se basant sur la composition des vitesses de deux mouvements uniformes pour établir la règle du parallélogramme, par un raisonnement n'empruntant rien à la dynamique, Varignon avait donc également, comme substratum, l'idée que l'on ne peut vraiment parler de composition que pour les forces. Descartes avait dit en 1618 qu'il se refusait à composer des mouvements, faute de pouvoir les concevoir comme liés. A la fin du siècle, la difficulté restait donc à peu près essentiellement la même.

ou qu'elles se dispersent en fractionnant l'action sur chacune d'elles, cela n'a aucune influence sur le déplacement du centre.

« Cette explication, dit Leibniz, peut tenir lieu de démonstration, car ainsi il se fait autant de progrès qu'auparavant, mais ceux qui en demandent une démonstration *à la façon ordinaire* la trouveront aisément en poursuivant ce qui suit. Si l'on mène par A deux droites qui fassent un angle droit en A, on pourra résoudre chacun de tous ces mouvements particuliers en deux pris sur les côtés de cet angle droit ».

Leibniz considère donc la propriété du centre de gravité qui vient d'être explicitée comme fondamentale et de soi suffisante. Cependant il prévoit à cet égard des difficultés pour quelques lecteurs et consent à proposer une justification. Elle consiste à prendre les composantes des déplacements par rapport à des axes rectangulaires. Dans le texte de 1692 que nous venons de citer, il se place dans le cas de mouvements tous situés dans un même plan, et ne considère donc que deux axes. Dans le texte de 1693, il ajoute la généralisation simple qui s'impose : « Que si les mouvements donnés ne sont pas dans le même plan, il faut se servir de trois droites faisant angle entre elles », c'est-à-dire d'un trièdre trirectangle.

Quel est l'avantage de cette méthode analytique? C'est que « l'on sait que la distance entre A et le centre de gravité des points pris sur une même droite avec A est la moyenne arithmétique des distances entre A et ces points, de quelque nombre qu'ils puissent être ».

$\Sigma x_i = n.\mathrm{X}$, où x_i désigne l'abscisse de chaque point de même « poids » et n le nombre de points, est pour un moderne l'équation qui définit l'abscisse X du centre de gravité. Si elle n'est pas tenue comme telle à l'époque où écrit Leibniz, elle est néanmoins une propriété géométrique ou une simple conséquence de la définition du centre de gravité, et cela importe seul pour l'objet qui nous occupe. L'application aux composantes des mouvements sur les axes de coordonnées est immédiate. « Pour avoir la distance entre A et le point de tendence (du mouvement total) » sur l'axe considéré, il faut « multiplier la distance du centre de gravité de tous les points de tendence sur le même côté par le nombre des tendences ». Si x_i représente en effet la projection de chaque tendance, Σx_i est la composition de toutes les tendences composantes alignées suivant le même axe, et l'équation $\Sigma x_i = n\mathrm{X}$ donne par son second membre le moyen de connaître le premier, c'est-à-dire la composition cherchée.

L'avantage de la méthode analytique, au sens moderne du mot, est donc aux yeux de Leibniz de dispenser son lecteur d'admettre la propriété dynamique du centre de gravité. En projection sur les axes, les sommations vont de soi et font intervenir immédiatement les coordonnées du centre de gravité des points de tendence comme conséquence de la définition géométrique d'un tel centre. Malheureusement si cette démonstration soulage le lecteur d'une difficulté, il faut, pour la recevoir, admettre que chaque mouvement particulier de l'ensemble qu'il s'agit de composer peut être lui-même « résolu » ou décomposé suivant les axes de coordonnées. Sans doute ces axes sont rectangulaires et c'est peut-être la raison pour laquelle Leibniz n'éprouve aucun scrupule. Nous avons dit plus haut pourquoi, à son époque, la composition ou la décomposition des mouvements suivant des directions rectangulaires semblaient aisées à admettre. Il reste cependant, d'un point de vue strictement objectif, que la démonstration de Leibniz est basée sur une pétition de principe. Elle suppose acquis un cas particulier du résultat général cherché et rien, sinon un sentiment pur et simple, n'autorise à considérer ce cas particulier comme distinct de ce qu'il s'agit en réalité de démontrer.

Leibniz n'est donc pas très heureux dans son effort de *captatio benevolentiae* à l'intention de ceux qui ne se meuvent pas dans le même univers que lui et qui ont besoin de démonstrations « à la façon ordinaire ».

Mais pouvait-il faire autrement? Il est assez vraisemblable que non.

C'est sa rencontre avec Huygens à Paris qui lui a permis de s'instruire au sujet du centre de gravité [1]. « Tout en causant, écrit-il, il (Huygens) s'aperçut que je n'avais pas une connaissance exacte du centre de gravité. Il me la donna brièvement et il ajouta que Dettonville (c'est-à-dire Pascal) en avait remarquablement traité ». Leibniz sur les indications de Huygens se plongea donc dans la lecture de Pascal. Il eut aussi communication de tous les manuscrits de Pascal par les frères Périer. L'équation équivalente à ce que nous traduisons en écriture moderne par $\Sigma m_i x_i = m.X$, ressortait suffisamment de l'œuvre de Pascal pour que Leibniz ait l'attention fixée sur la forme de ce résultat concernant le centre de gravité.

Cependant l'idée de l'équivalence dynamique contenue dans la notion de centre de gravité, et il vaudrait mieux dire, de centre de masses, commençait à l'époque (comme en témoigne le traité des

1. HUYGENS : *Œuvres complètes*, t. VII p. 244 et note 12.

forces mouvantes du P. Pardies S. J.[1]) à être admise comme fondamentale. Elle avait été lancée, d'une manière encore confuse et limitée au champ de la pesanteur, par Descartes[2]. Elle généralisait une intuition fort ancienne de la science de l'équilibre. De même que dans chaque corps, il y a un point dont l'arrêt assure l'équilibre indifférent du corps, de même quand il y a mouvement, ce point ou centre se meut comme si tout, matière et force, y était concentré.

On a le sentiment que chez des auteurs comme le P. Pardies il s'agit là d'un principe, dont il n'y a pas lieu de fournir, par conséquent, une démonstration[3]. La situation dans laquelle Leibniz se trouvait placé au moment où il proposait sa règle générale de composition des mouvements explique le flottement de la pensée : qu'est-ce qui est admis, qu'est-ce qui est à démontrer, on ne sait pas très bien et la chose varie suivant l'interlocuteur.

Leibniz, à cause de son étude de Pascal, était certainement de ceux qui s'étaient habitués à faire entrer la propriété du centre de gravité dans le petit nombre des propriétés essentielles à la compréhension du mouvement des corps[4]. Rien de plus naturel à ce qu'il ait pensé l'utiliser en s'appliquant à la recherche d'une règle générale de composition des mouvements. Rien de plus naturel à ce qu'il soit revenu à ces considérations, analogues à celles tirées de son étude de Pascal, pour proposer une démonstration à la « façon ordinaire » pour ceux qui auraient quelque peine à suivre son raisonnement. Ce faisant, il particularisait seulement à des points de masses égales un type de démonstration qui lui était familier avec des points de masses quelconques. Et qu'il n'ait pas vu qu'ainsi il tombait dans la

1. I. G. PARDIES S. J. : *La Statique ou la Science des Forces mouvantes*, Paris 1673, p. 15.

2. Lettre de Descartes à Cavendish, 30 mars 1646. Ed. Adam-Tannery, t. IV, p. 380 et suiv. Cf. PIERRE COSTABEL : *Centre de gravité et équivalence dynamique*. Conférences du Palais de la Découverte, Paris, série D, n° 34, 4 décembre 1954.

3. Cf. aussi P. VARIGNON : *Projet d'une nouvelle Méchanique*, 1687.

« Demande : Dans tout corps qui se meut ou fait effort pour se mouvoir, il y a toujours un certain point qui, surchargé de l'impression de tous les autres, détermine ce corps à suivre celle qu'il a pour lors vers l'endroit où il tend. On ne se met point en peine que ce point soit le même dans toutes les situations possibles du corps. C'est assez que dans chaque situation, il y en ait un que l'on appelle ici son centre de gravité ou plus généralement son centre de direction ou d'équilibre, du moins pour le temps qu'il détermine ainsi ce corps à suivre son impression. »

4. Lettre de Leibniz à Jean Bernoulli, 8-18 mars 1696. GERHARDT : *Die Philos. Schrif*, t. IV, p. 412 et note 2. Leibniz précise que dans sa mise en ordre de ses idées à Rome en 1689, après ses discussions avec Auzout, il a rédigé un « libelle » où étaient démontrées « toutes ces choses, de la force tant absolue que directive et *du progrès conservé du centre de gravité* ». Il s'agit du texte laissé à Florence entre les mains de von Bodenhausen.

pétition de principe que nous avons soulignée, il ne semble pas qu'on puisse lui en tenir rigueur.

Reste une objection plus grave qu'un moderne pourrait être tenté de faire au raisonnement de Leibniz. Lorsqu'il indique que le quart du mobile doit aller quatre fois plus loin en obéissant à la même « tendence », ne fait-il pas comme s'il était Cartésien et admettait la conservation de la quantité de mouvement. Nous avons bien noté cependant au passage qu'il s'agit ici non pas de la quantité de mouvement scalaire, ce qui serait en effet cartésien, mais de la quantité de mouvement considérée avec le sens et la direction du mouvement. ce qui est tout différent.

Dans la rédaction de 1693, il est bien notable que Leibniz ajoute : « Il est bon de remarquer que dans cette composition des mouvements, il se conserve la même quantité de progression et non pas toujours la même quantité de mouvement. Par exemple si deux tendences sont dans une même droite, mais en sens contraire, le mobile va du côté *du plus fort*, avec la différence des vitesses et non point du tout avec leur somme, comme il arriverait si les tendences le portaient d'un même côté. Et si les deux tendences contraires étaient égales, il n'y aurait point de mouvement ».

Leibniz a donc senti dans sa dernière rédaction la nécessité de préciser encore une fois qu'il n'entend pas les choses comme les Cartésiens. Laissant à ceux-ci le terme de quantité de mouvement, il considère la quantité de progression, qui n'est pas autre chose que la quantité de mouvement au sens vectoriel. De plus il rend compte du raisonnement sous-jacent à sa pensée. Les projections sur des axes, nous dirions aujourd'hui l'utilisation de la géométrie analytique, permettent de justifier cette considération. En projection sur un axe, c'est en effet la somme algébrique des tendences qui caractérise l'action globale. Si elle est nulle, il n'y a pas de mouvement résultant. Si elle n'est pas nulle, elle définit le sens et la grandeur du mouvement résultant. En référence à ces constatations, ce sont donc les sommes algébriques des quantités de progression qui sont caractéristiques.

Mais, dira-t-on, il reste que lorsque Leibniz, appliquant sa pensée au mobile divisé en fractions, déclare que le quart du mobile doit aller quatre fois plus loin en obéissant à la même tendence, tout se passe comme s'il considérait la quantité de progression comme équivalente ou représentative de la puissance signifiée par la tendence. Ce qui ne le distingue de Descartes que par l'adjonction du sens et de la direction à la vitesse scalaire. La force leibnizienne n'est-elle pas en définitive $\overrightarrow{mv}$?

« Cependant cela suffit pour ainsi dire *in abstracto*, poursuit Leibniz dans le texte que nous étudions, lorsqu'on suppose *déjà* ces tendences présentes dans le mobile; mais *in concreto*, en considérant les causes qui les y doivent produire, on trouvera qu'il ne se conserve pas seulement en tout la même quantité du progrès, mais aussi la même quantité de la force absolue et entière qui est encore différente de la quantité de mouvement ».

Ainsi on aurait tort de croire que Leibniz confond la force et la quantité de progrès. La première est une réalité fondamentale qui intervient toujours lorsque l'on considère les choses *in concreto*. La seconde suffit pour rendre compte du phénomène *in abstracto*.

M. Guéroult a parfaitement expliqué cette distinction difficile et quelque peu obscure pour un esprit moderne, nous ne pouvons mieux faire que de suivre les grandes lignes de son exposé.

Dans les textes cités au chapitre précédent, Leibniz semble identifier conatus et force morte d'une part, impetus et force vive d'autre part, les premiers s'opposant aux seconds comme « le point à la ligne », c'est-à-dire comme l'élément différentiel à l'intégrale. Cependant l'impetus est défini comme quantité de mouvement [1] et il est précisé dans le deuxième *Essay de Dynamique* que la formule mv « vaut seulement dans le cas de force morte ou de mouvement infiniment petit que j'ai accoutumé d'appeler sollicitation » [2]. Ainsi l'impetus ne saurait être confondu avec la force vive. C'est d'ailleurs ce que Leibniz déclare explicitement : « Toutefois bien que l'impetus soit toujours joint à la force vive, les deux diffèrent entre eux » [3]. Comment en serait-il autrement puisque la force vive a pour formule mv^2! Mais aussi comment sortir de l'imbroglio apparent des notions leibniziennes.

« C'est que, dit M. Guéroult, l'impetus peut être considéré à deux points de vue [4].

a. En lui-même, dans l'instant où il se produit, *abstraction faite* de la force vive dont il est l'effet. Il est dans cet instant la translation d'une certaine masse, le long d'un certain chemin, sa formule est bien mv puisqu'il s'agit dans cet instant considéré isolément, d'un mouvement *uniforme* sans accélération et l'espace parcouru est exactement proportionnel à la vitesse. Le cas est comparable à celui de la force morte, puisque celle-ci se réfère à un moment infinitésimal

1. *Dynamica de potentia*. Gerhardt : *Leib. math. Schrif.*, t. VI, p. 398.
2. Gerhardt : *Leib. math. Schrif.*, t. VI, p. 218.
3. *Specimen Dynamicum*. Gerhardt : *Leib. math. Schrif.*, t. VI, p. 238.
4. M. Guéroult : *Dynamique et Methaphysique leibniziennes*, Paris 1934, p. 41.

du mouvement, considéré en dehors de toute succession temporelle, indépendamment de tout processus d'accumulation. Il est donc naturel que la même formule *mv* vaille pour l'un et pour l'autre.

b. Mais il y a une différence pourtant, c'est que l'instant considéré dans le cas de la force morte étant en quelque sorte originaire, la quantité de mouvement est de ce fait simplement embryonnée, tandis qu'avec l'impetus, l'instant, tout en étant considéré isolément, porte néanmoins en lui le résultat d'une accumulation antérieure de moments...

L'impetus a donc deux faces différentes : une face externe où il est saisi *in abstracto*, dans l'instant isolé, et où il s'oppose à la force vive pour se rapprocher de la force morte par sa formule *mv*, et une face interne où il se réfère à sa cause, où l'instant qu'il représente n'est plus envisagé de façon isolée, mais rattaché à sa genèse et comme résultat d'une multitude d'instants antérieurs qu'il enveloppe et qui lui confèrent sa marque propre. Il apparaît alors comme lié étroitement à la force vive et opposé à la force morte, comme pouvant représenter adéquatement la première et lui être substitué, car il naît et meurt en même temps qu'elle. Aussi ce qui détruit entièrement l'impetus est-il ce qui consume la force vive et la mesure, à savoir un travail dont la formule est mv^2.»

Nous avons tenu à citer complètement cette page par ce qu'elle éclaire sans défaut la question cruciale à laquelle nous étions parvenus.

On comprend bien pourquoi Leibniz évite soigneusement de parler de force dans le texte qui nous occupe et emploie systématiquement le terme de « tendence ». Ces « tendences », que l'on peut « *déjà* » supposer *in abstracto* dans le mobile, ne sont pas des forces. Elles existent parce qu'il y a des mouvements (et c'est ce qui explique que l'on puisse dans le discours en traiter équivalemment). Leur existence est *in concreto* liée à des forces absolues, c'est-à-dire à des forces vives, et manifeste ces forces plutôt qu'elles ne le représentent. Mais si l'on se détache du point de vue *concret* pour considérer *in abstracto* ce qui se passe dans l'instant isolé, alors ces tendences représentent une puissance d'agir, dont la mesure est celle de l'impetus par la formule *mv*. Ce n'est pas par hasard que dans les additions du texte de 1693, pour la publication dans le *Journal des Sçavans*, Leibniz a signifié que les mouvements résultant des tendences dont il s'agit d'étudier la composition sont des mouvements *uniformes*. Dans l'instant isolé du point de vue abstrait, cette uniformité rapproche la tendence de la force morte, le mouvement du mouvement infiniment petit [1] et fonde l'utilisation de la mesure par le produit de la masse et de la vitesse.

L'analyse de M. Guéroult qui porte sur l'ensemble des textes leibniziens est donc confirmée par la « *Règle générale de la composition des mouvements* » de 1692-1693. En explicitant plus tard davantage, Leibniz n'a pas varié sur les éléments essentiels de son système.

La raison dernière de la méthode suivie pour établir cette « Règle générale » apparaît aussi clairement. Leibniz ne pouvait traiter le problème de la composition des mouvements autrement que comme un problème de dynamique, et le traiter en fonction d'autres principes que ceux de cette science. Par l'intelligibilité suprême qu'il avait trouvé au réalisme de la force, en liaison avec d'autres domaines de la pensée, il fallait que « sa » science — puisqu'il l'avait lui-même baptisée — il fallait que la « dynamique » rende compte en particulier de cette composition des mouvements dont les utilisateurs comme Lamy ou Varignon ne soupçonnaient pas la difficulté logique.

Conclusion générale

En effectuant la copie des deux textes que nous avons étudié, Des Billettes avait-il conscience de leur liaison étroite et intime? L'inconnu qui a uni ces deux textes dans un même sort au milieu des papiers anonymes des Archives de l'Académie s'en doutait-il lui-même? Nous ne le saurons sans doute jamais, mais l'heureux concours de circonstances qui nous a livré un enseignement si riche n'en suscite pas moins notre reconnaissance pour ses artisans bénévoles.

Si nous avons été obligés de sortir du cadre de la dynamique pour étudier les solutions d'un problème géométrique de construction de tangentes, nous n'avons pas à le regretter. Indépendamment de l'intérêt propre de ces solutions, nous avons reçu la leçon des liens cachés et des cheminements insoupçonnés de la pensée entre des domaines que nos disciplines actuelles nous habituent à distinguer assez soigneusement. Et quelle surprise nous a réservée, en définitive, la solution leibnizienne en nous ramenant à l'objet principal de ce débat, à savoir l'essai de constitution rationnelle d'une science du mouvement.

1. Comparer avec chapitre II, p. 51-52.

Nous n'avons pas ménagé au passage les critiques que mérite cet essai. Notamment l'illusion de pouvoir tourner la difficulté essentielle de la notion de temps en l'éliminant au profit d'une réalité dynamique ou énergétique. Qui pourrait dire que les insuffisances mêmes, ainsi relevées, ne nous instruisent pas? La simplicité est toujours une apparence, l'appréhension de la structure réelle des phénomènes est toujours une entreprise hasardeuse.

Ce qui manquait à l'analyse de Descartes et de Leibniz, à savoir l'affrontement du temps en tant que dimension *sui generis*, la science classique a cru le trouver dans la notion d'un cadre temporel, universel, indépendant et indifférent, où se déroulent les événements de ce monde comme sur un décor de théâtre. Et il est certain que la séparation des notions et leur traitement distinct ont été bienfaisants et restent le principe d'une saine méthode scientifique. Mais l'on sait assez depuis la Relativité que le temps de la mécanique classique n'est qu'un schéma provisoire, dont la valeur est remise en question jusque dans des domaines *a priori* fort éloignés, comme la Paléontologie, à propos de l'évolution des espèces. Après avoir séparé, distingué, il faut revenir à des visions unitives des choses.

La simplicité est toujours une apparence, disions-nous à l'instant. Il n'est évidemment pas inutile que nous en ayons recueilli la leçon auprès de l'intelligence lumineuse de Leibniz, avide de tout saisir de peur de laisser échapper le fil le plus ténu de ce qui concourt à la structure de ce monde, en proie à une prodigieuse activité et non à une érudition stérile ou à un dilettantisme distingué. Il n'est pas inutile encore que nous ayons pu toucher du doigt la rançon des erreurs matérielles due à cette prodigieuse activité. Le génie est plus humain et plus sympathique lorsqu'il paie son écot à ce qui fait la faiblesse du commun des hommes, lorsqu'il est lui aussi soumis aux limites qu'impose l'effort intellectuel tendu.

Mais il y a bien davantage à dire ici et les réflexions qui précèdent le suggèrent. L'histoire que nous avons essayé de faire inspire une admiration et un respect. Admiration pour la cohérence d'une pensée, si difficile, complexe et subtile qu'elle soit, quelles que soient aussi ses faiblesses. Respect pour le dessein poursuivi sans défaillance dans cette perspective.

C'est de la volonté ferme de cohérence interne que sont sortis les éléments d'un héritage positif pour la science et Leibniz reste à cet égard comme en beaucoup d'autres un très grand maître.

DOCUMENTS ANNEXÉS

I. ESSAY DE DYNAMIQUE

Nous donnons ci-dessous le texte de la copie de Des Billettes, en utilisant l'orthographe moderne et en mettant la figure à sa place, mais en respectant la ponctuation et l'écriture des nombres. Sur ce point la copie suit à une ou deux exceptions près le manuscrit autographe de Hanovre. La fidélité générale de la copie est illustrée par la note critique placée à la fin et à laquelle renvoient les astérisques.

1. Définition

De la force égale, moindre, et plus grande.

Lorsqu'il y a deux états tellement faits que si l'un pouvait être substitué à la place de l'autre sans aucune action du dehors, il s'ensuivrait un mouvement perpétuel mécanique, on dira que la force aura été augmentée par cette substitution, ou que la force de l'état substitué sera plus grande, et que celle de l'état pour lequel on l'a substitué était moindre; mais que si la force est ni moindre ni plus grande elle est égale.

Scholie

J'appelle ici *état*, (statum) un corps ou plusieurs pris avec certaines circonstances de situation, de mouvement, etc. J'ai voulu me servir de cette marque extérieure de la force augmentée qui est la réduction au mouvement perpétuel pour m'accommoder davantage aux notions populaires, et pour éviter les considérations métaphysiques de l'effet et de la cause. Car pour expliquer les choses, *a priori*, il faudrait estimer la force par la quantité de l'effet prise d'une certaine manière qui a besoin d'un peu plus d'attention pour être bien entendue. Mais comme ce discours préparera le lecteur, je ne laisserai pas de faire entrer en passant quelques considérations de la cause et de l'effet.

2. Définition

La quantité du mouvement est le produit de la masse du corps par sa vitesse

Scholie

La masse des corps sensibles s'explique par la pesanteur. Ainsi un corps étant de 4 livres et allant avec un degré de vitesse, il aura une quantité de mouvement comme *quatre*. Mais si étant de 4 livres il avait 3 degrés de vitesse, sa quantité de mouvement serait comme 12.

3. **Définition**

Le mouvement perpétuel mécanique (qu'on demande en vain) est un mouvement où les corps se trouvent dans un état violent, et agissant pour en sortir n'avancent pourtant point, et le tout se retrouve au bout de quelque temps dans un état non seulement autant violent que celui où l'on était au commencement, mais encore au delà, puisque outre que le premier état est restitué il faut que la machine puisse encore produire quelque effet ou usage mécanique, sans qu'en tout cela aucune cause de dehors y contribue.

Scholie

Par exemple, il y a une machine dans laquelle au commencement quelques poids étaient élevés à une certaine hauteur. Ces poids se retrouvant dans un état violent font effort pour descendre, et il y en a qui descendent effectivement, et qui obligent d'autres à monter. Mais la nature se trompe (pour parler ainsi) en croyant d'arriver à son but, et l'art ménage si bien les choses qu'au bout de quelque temps il se trouve qu'il y a tout autant de poids élevés qu'au commencement, et même au delà. Je dis, *au delà,* puisque chemin faisant ces poids ont encore pu avoir et faire quelqu'autre effet violent, par exemple élever de l'eau, moudre du blé, ou produire quelqu'autre chose selon l'usage auquel on a destiné la machine. Un tel mouvement perpétuel a toujours été cherché; mais il est impossible de le trouver car la force augmenterait d'elle-même et l'effet serait plus grand que la cause totale. Il est vrai que si l'on ôte les empêchements accidentels les corps descendants peuvent remonter précisément d'eux-mêmes à la première hauteur. Et cela est nécessaire; autrement la même force ne se conserverait pas, et si la force se diminue l'effet entier n'est pas équivalent à la cause, mais inférieur. On peut donc dire qu'il y a un mouvement perpétuel physique, tel que serait un pendule parfaitement libre; mais ce pendule ne passera jamais la première hauteur, et même il n'y arrivera pas s'il opère ou produit le moindre effet en son chemin, et s'il surmonte le moindre obstacle; autrement ce serait un mouvement perpétuel mécanique. Or ce qu'on vient de dire des poids a lieu aussi à l'égard des ressorts et autres corps qu'on fait agir en les mettant dans un état violent.

Axiome 1

La même quantité de la force se conserve, ou bien, l'effet entier est égal à la* cause totale.

Scholie

Cet axiome est d'aussi grand usage pour la mécanique, que celui qui dit que *le tout est égal à toutes ses parties prises* ensemble,* est utile dans la géométrie; l'un et l'autre nous donnant moyen de venir à des équations; et à une manière d'analyse. Il s'ensuit qu'il n'y a point de mouvement perpétuel mécanique, et même qu'il n'arrivera jamais que la nature substitue un état à la place de l'autre s'ils ne sont d'une force égale. Et si l'état L se peut substituer à la place de l'état M il faut que réciproquement l'état M se puisse substituer à la place de l'état L sans crainte du mouvement perpétuel, par la définition de la force égale ou inégale, que nous avons donnée.

Axiome 2

Il faut autant de force pour élever une livre à la hauteur de 4 pieds qu'il en faut pour élever 4 livres à la hauteur d'un pied.

Scholie

Cet axiome est accordé. On le pourrait démontrer néanmoins par l'axiome 1° et autrement. Et sans cela il serait aisé d'obtenir le mouvement perpétuel.

Postulatum ou demande 1

On demande que toute la force d'un corps donné puisse être transférée sur un autre corps donné, ou du moins, si on suppose cette translation, qu'il n'en arriverait aucune absurdité.

Scholie

Il est sûr qu'un petit corps peut acquérir une telle vitesse qu'il surpasse* la force d'un grand corps qui va lentement. Il pourra donc l'acquérir* précisément égale. Et le grand corps en pourra être la cause en perdant sa force par des actions sur d'autres corps qui enfin la pourront transférer toute sur le seul petit par des rencontres ou changements propres à cela. De même le petit corps pourra transférer toute la sienne sur le grand corps, et il n'importe pas si cela arrive médiatement ou immédiatement, tout d'un coup ou successivement, pourvu qu'au lieu que d'abord le seul corps A était en mouvement, il se trouve à la fin que seul le corps B est en mouvement. Car ainsi il faut bien qu'il ait reçu toute la force du corps A par l'axiome 1° autrement une partie en serait périe. On peut imaginer certaine machination pour l'exécution de ces translations de la force. Mais quand on n'en donnerait pas la construction, c'est assez qu'il n'y ait point d'impossibilité, tout comme Archimède prenait une droite égale à la circonférence d'un cercle sans la pouvoir construire.

Demande 2

On demande que les empêchements extérieurs soient exclus ou négligés, comme s'il n'y en avait aucuns.

Scholie

Car puisqu'il s'agit ici du raisonnement pour estimer les raisons des choses et nullement de la pratique, on peut concevoir le mouvement comme dans le vide, afin qu'il n'y ait point de résistance du milieu, et on peut s'imaginer que les surfaces des plans et des globes sont parfaitemnt unies, afin qu'il n'y ait point de frottement, et ainsi du reste*. C'est afin d'examiner chaque chose à part sauf à les combiner dans la pratique.

Proposition I

Lemme démontré par d'autres

Les vitesses que les corps pesants acquierent en descendant sont comme les carrés [1] des hauteurs dont ils descendent, et vice versa, les corps en vertu des vitesses qu'ils ont peuvent monter aux hauteurs dont ils devraient descendre pour acquérir ces vitesses.

Scholie

Cette proposition a été démontrée par Galiléi, Mr Hugens et autres. Par exemple si un corps descendant de la hauteur d'un pied acquiert au bout de la chute un degré de vitesse, un corps descendant de 2 pieds acquerera 4 degrés de vitesse. 3 pieds donneront 9 degrés, 4 pieds 16 degrés, etc. Car 4, 9, 16 sont les nombres carrés de 2, 3, 4, etc. et vice versa, un corps d'un degré de vitesse pouvant monter à la hauteur d'un pied, il s'ensuit qu'un corps de 4 degrés de vitesse aura la force de s'élever à 16 pieds [2]. En tout ceci il n'importe point si le corps est grand ou petit, ni si sa descente se fait perpendiculairement ou obliquement, pourvu qu'on observe la deuxième demande. Cependant en estimant la hauteur on entend toujours la hauteur perpendiculaire.

Proposition 2

Un corps A pesant une livre et descendant de la hauteur de 16 pieds peut élever un corps B pesant 4 livres à la hauteur qui soit tant soit peu moindre que de 4 pieds.

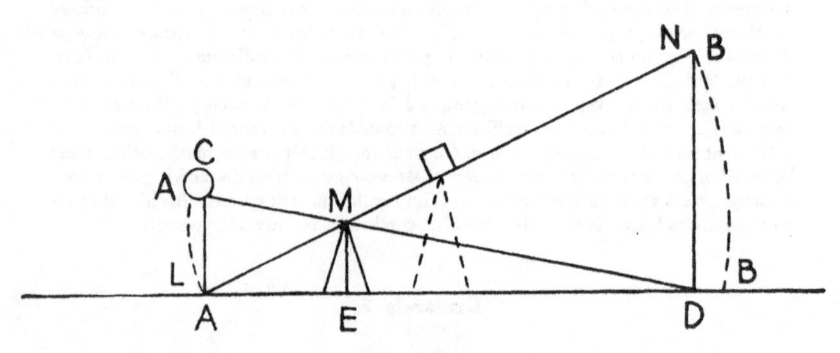

Figure 15*.

1. Le texte copié par Des Billettes concorde bien ici avec l'original de Hanovre. Leibniz a écrit effectivement : « comme les carrés des hauteurs », alors qu'il aurait dû dire : « comme les racines carrées ». Le début du Scholie montre que Leibniz poursuit son développement en suivant cette donnée erronée.

2. Ici Leibniz corrige et rétablit la vérité. L'examen de l'original de Hanovre montre qu'il a d'abord écrit que le corps de 4 degrés de vitesse peut remonter à 2 pieds, puis il a rayé pour mettre 16 pieds. Les choses s'expliquent donc aisément si l'on admet *une rédaction rapide.* Par défaut d'attention Leibniz écrit : « carrés des hauteurs » au lieu de « racines carrées », il poursuit vite, ce n'est qu'arrivé à la réciproque qui lui importe le plus pour ses raisonnements qu'il s'aperçoit de l'erreur, il corrige, mais ne prend pas le temps de revenir en arrière pour corriger l'ensemble.

Démonstration

Cela se prouve aisément par la statique commune. Concevons une balance à bras inégaux LMN dont le centre*, et le bras MN soit un peu plus que 4 fois de la longueur du bras LM. Cette balance soit obliquement située, en sorte que le bout L soit dans l'horizon, et arrive au poids A, et que le bout M arrive au poids B élevé à 16 pieds. Cela étant il est manifeste que si ces bouts de la balance sont engagés à ces poids et les soutiennent, B prévaudra à A par le principe vulgaire de l'équilibre. Car comme A est quadruple de B, si MN était aussi quadruple de ML, tout serait en équilibre. Mais si MN étant tant soit peu plus que quadruple de ML, B l'emportera et descendant jusqu'à B dans l'horizon, il fera monter A jusqu'à A. Maintenant des points AMB menons des perpendiculaires sur l'horizon, savoir AC, ME, BD. Or ME est à BD comme LM est à LN et par hypothèse LN est tant soit peu plus que le quintuple de ME. Or ME est à AC comme MB à AB c'est-à-dire comme MN à LN et MN est à LN en raison tant soit peu plus grande que 4 à 5. Et par conséquent encore ME est ainsi à AC. Donc BD étant à ME en raison tant soit peu plus grande que de 5 à 1 et ME étant à AC en raison tant soit peu plus grande que de 4 à 5, il s'ensuit que BD sera à AC en raison tant soit peu plus grande que de 4 à 1. C'est-à-dire BD sera un peu plus que le quadruple de AC et par conséquent BD étant de 16 pieds, par hypothèse, il est manifeste que AC hauteur à laquelle le corps A est élevé sera tant soit peu moindre que de 4 pieds, ce qu'il fallait prouver.

Proposition 3

Problème

Supposé que la quantité de mouvement se conserve toujours, on peut faire en sorte qu'à la place d'un corps de 4 livres avec un degré de vitesse on obtienne un corps d'une livre avec 4 degrés de vitesse.

Démonstration

Car le 1er corps soit A, le second B et soit toute la force d'A transférée sur B (demande 1) c'est à dire qu'au lieu qu'A était seul en mouvement, soit maintenant B seul en mouvement, rien d'accidentel ou d'extérieur ayant absorbé quelque chose de la force (demande 2), il faut que B ait la même quantité de mouvement qu'A (par l'hypothèse). Donc A de 4 livres ayant eu une vitesse d'un degré (par l'hypothèse) il faut que B qui est d'une livre (par l'hypothèse) reçoive la vitesse de 4 degrés. Car ce n'est qu'ainsi que B aura la même quantité de mouvement qu'A suivant la définition 2 puisque une livre de B doit être multipliés par 4 degrés pour faire autant que les 4 livres d'A multipliées par un degré, ce qu'il fallait faire.

Proposition 4

Problème

Supposé qu'à la place de 4 livres avec un degré de vitesse on puisse acquérir une livre avec 4 degrés de vitesse, je dis qu'on pourra obtenir le mouvement perpétuel mécanique.

Démonstration

Faisons qu'un globe A d'une livre[1] de poids descende de la hauteur d'un pied et acquiere un degré de vitesse. Soit maintenant obtenu qu'à la place un globe B d'une livre ait 4 degrés de vitesse par l'hypothèse, ce globe B pourra monter à la hauteur de 16 pieds (proposition 1) et puis engagé à une balance qu'il rencontrerait au bout de la montée, et descendant derechef de cette hauteur jusqu'à l'horizon, il pourra élever A à une hauteur tant soit peu moindre que 4 pieds (proposition 2). Or au commencement le poids A se trouvait élevé sur l'horizon d'un pied, et B en repos dans l'horizon. Maintenant il se trouve que B redescendu est encore en repos dans l'horizon, mais qu'A est élevé sur l'horizon presque de 4 pieds (bien au delà de son 1er état, et nous avons le 2e état, où l'effet est plus grand que la cause, ce qui peut faire le mouvement perpétuel mécanique). Ainsi A avant que de retourner de la hauteur de 4 pieds à sa 1re hauteur d'un pied, pourra faire quelque effet mécanique chemin faisant (élever de l'eau, moudre du blé, etc.), et néanmoins étant retourné à A toutes choses seront restituées au 1er état (et ce jeu pourra continuer toujours) et c'est obtenir le mouvement perpétuel mécanique (définition 3) ce qu'il fallait faire.

Proposition 5

Problème

Supposé que la quantité de mouvement se conserve toujours, on peut obtenir le mouvement perpétuel mécanique.

Démonstration

Car la quantité de mouvement étant toujours conservée (par l'hypothèse) on peut à la place de livres 4, vitesse 1, substituer livre 1, vitesse 4 (proposition 3) et cela étant on pourra obtenir le mouvement perpétuel mécanique (proposition 4) ce qu'il fallait faire.

Proposition 6

Un corps de 4 livres de poids et d'un degré de vitesse a seulement le quart de la force d'un corps d'une livre de poids et de 4 degrés de vitesse.

Démonstration

Car soit le premier poids A, et le second B, et supposons qu'A puisse monter à une certaine hauteur, par exemple d'un pied. B pourra monter à la hauteur de 16 pieds (proposition 1) donc B a la force d'élever une livre, savoir son propre poids, à la hauteur de 16 pieds. Et par conséquent (axiome 2) il a la force d'élever 16 livres à un pied au lieu qu'A a seulement la force d'élever 4 livres, c'est-à-dire son propre poids, à 1 pied (par l'hypothèse). Or la force d'élever 16 livres à un pied est quadruple de la force d'élever 4 livres à 1 pied (par le sens commun), donc la force de B est quadruple de la force d'A, ce qu'il fallait prouver.

1. Erreur analogue aux précédentes. Par inattention Leibniz écrit une livre au lieu de quatre, alors que le texte même de la proposition 4 ne laisse aucun doute à ce sujet.

Proposition 7

Un corps de 4 livres de poids et de un degré de vitesse a la même force qu'un corps d'une livre de poids et de deux degrés de vitesse. Et par conséquent si toute la force de celui-là doit être transférée sur un corps d'une livre, il ne recevra que deux degrés de vitesse.

Démonstration

Soit le premier A, le second B. Si A peut monter à 1 pied, ou élever 4 livres, c'est-à-dire son poids, à 1 pied, B pourra monter à 4 pieds (proposition 1) ou élever son poids qui est de 1 livre à 4 pieds. Donc (axiome 2) la force d'A est égale à celle de B, ce qu'il fallait démontrer*.

Scholie

Ces deux propositions se peuvent encore démontrer indépendamment de l'axiome 2, par le seul axiome 1 joint à la définition 1, en employant un mécanisme semblable à celui de la proposition 2 pour réduire celui qui dirait le contraire au mouvement perpétuel mécanique. Aussi avons-nous remarqué à l'axiome 2 qu'on le peut démontrer par l'axiome 1, c'est-à-dire réduisant le contraire au mouvement perpétuel, ou *ad absurdum*. Il est bon aussi de remarquer que toutes ces propositions et bien des choses qu'on dit ici pourraient être conçues et énoncées plus généralement selon le style des géomètres. Par exemple, on pourrait dire en général que *les forces des corps sont en raison composée de la simple de leurs masses et de la doublée de leur vitesse*, au lieu que les quantités de mouvement sont en raison composée de la simple des masses aussi bien que des vitesses. Mais on s'est contenté de s'énoncer en certains nombres pour parler plus intelligiblement à l'égard de ceux qui sont moins accoutumés aux phrases des géomètres.

Proposition 8

Lorsque les forces sont égales les quantités de mouvement ne sont pas toujours égales et vice versa.

Démonstration

Livres 4, vitesse 1 et livre 1, vitesse 2, sont d'une force égale (proposition 7), mais la quantité de mouvement de celui-là est double de la quantité de mouvement de celui-ci (définition 2). Vice-versa, livres 4, vitesse 1 et livre 1, vitesse 4, sont d'une quantité de mouvement égale (définition 2) mais la force de celui-là est seulement le quart de la force de celui-ci (proposition 6), et il en est de même en d'autres nombres.

Proposition 9

La même quantité de mouvement ne se conserve pas toujours.

Démonstration

Supposé que la même quantité de mouvement se conserve toujours, on peut obtenir le mouvement perpétuel mécanique (proposition 5), or ce mouvement est impossible (axiome 1), donc la même quantité de mouvement ne se conserve pas toujours.

Scholie

On le peut conclure encore de la proposition 8 et en effet, quand on s'opiniatrerait à nier la deuxième demande, ou le deuxième postulatum sur lequel est fondée la proposition 5, c'est-à-dire quand on voudrait nier que toute la force d'un grand corps peut être transférée sur un petit corps (ce qui doit pourtant arriver souvent dans la nature) on n'éviterait pas pour cela la force de nos raisons. Car puisqu'on voit bien qu'ordinairement la quantité de mouvement est différente lorsque la force est la même, et vice versa (proposition 8) et que toujours la même force se doit conserver, afin qu'il n'y ait jamais un échange entre deux états dont l'un substitué à l'autre pourrait donner un mouvement perpétuel, il s'ensuit que le plus souvent la quantité de mouvement ne se conserve pas la même, soit qu'on transfère toute la force d'un corps sur un autre qui lui est inégal, ou qu'on en transfère une partie et en retienne l'autre. Ce que les géomètres prévoient d'abord à cause de la différence qu'il y a entre la raison simple et la raison doublée. Voyez le scholie de la proposition 7. En voici une preuve analytique générale pour leur satisfaction. Supposons que deux corps A et B se rencontrent avec les vitesses C et V et qu'après le choc ils aient les vitesses c et v. Donc si les quantités de mouvement se conservent, il faut qu'il y ait AC + BV égale à Ac + Bv, mais si les forces se conservent, il faut qu'il y ait ACC + BVV égal à Acc + Bvv, mais il est manifeste que ces deux équations ne se sauraient trouver véritables toutes deux qu'en certaine rencontre particulière, qu'il y a même moyen de déterminer. Et voici la détermination pour trancher court. *Deux corps se choquant directement ne sauraient conserver ensemble après le choc tant la somme de leurs forces, que la somme de leurs quantités de mouvement qu'ils avaient avant le choc, que lorsque la différence des vitesses avant le choc est égale à la différence réciproque des vitesses après le choc.* Toutes les fois que les corps vont d'un même côté, tant avant qu'après le choc, cela arrive.

Remarques

La considération de l'équilibre a contribué beaucoup à confirmer les gens dans cette opinion, qui paraissait vraisemblable d'elle-même, que la force et la quantité de mouvement reviennent à la même chose, et que les forces sont égales lorsque les quantités de mouvement sont égales, c'est-à-dire lorsque les vitesses sont réciproquement comme les poids, et qu'ainsi la force de livres 4, vitesse 1, est égale à celle de livre 1, vitesse 4. Car on voit qu'il se fait équilibre toutes les fois que les poids sont disposés en sorte que l'un ne peut descendre sans que l'autre monte avec des vitesses réciproques aux poids. Mais il faut savoir que cela y réussit comme par accident, car il arrive alors qu'encore les hauteurs de la montée ou de la descente sont réciproques aux poids. Or c'est une règle générale qui se déduit par des raisons que nous venons de proposer, *que les forces sont en raison composée des poids et des hauteurs auxquels ces poids se peuvent élever en vertu de leurs forces.* Et il est à propos de considérer que l'équilibre consiste dans un simple effort (conatus) avant le mouvement, et c'est ce que j'appelle la *force morte* qui a la même raison à l'égard de la *force vive* (qui est dans le mouvement même) que le point à la ligne. Or au commencement de la descente lorsque le mouvement est infiniment petit, les vitesses ou plutôt les éléments des vitesses sont comme les descentes, au lieu qu'après l'élévation, lorsque la force est devenue vive, les descentes sont comme les carrés des vitesses. Il y a encore une chose qui mérite d'être observée. C'est qu'un globe de 4 livres de poids et d'un degré de vitesse et un autre globe d'une livre de poids et de 4 degrés de vitesse quand ils se rencontrent directement s'empêchent mutuellement d'avancer, comme dans l'équilibre, et qu'ainsi, quant à l'effet d'empêcher l'avancement, ils ont une même force respective. Mais cependant leurs forces absolues sont bien inégales, puisque l'un peut produire 4 fois autant d'effet que l'autre. Voyez proposition 6. Or il s'agit ici de la force vive et absolue. Ces variétés paradoxes ont contribué beaucoup à embrouiller la matière, d'autant qu'on n'a pas eu des idées bien distinctes de la force et de ses différences. Mais j'espère que dans nos Dynamiques on trouvera ces choses éclairées à fond.

Si quelqu'un veut donner un autre sens à la force, comme en effet on est assez accoutumé à la confondre avec la quantité de mouvement, je ne veux pas discuter sur les mots et je laisse aux autres la liberté que je prends d'expliquer les termes. C'est assez qu'on m'accorde ce qu'il y a de réel dans mon sentiment, savoir que ce que j'appelle *la force* se conserve, et non pas ce que d'autres ont appelé de ce nom. Puisque autrement la nature n'observerait pas la loi de l'égalité entre l'effet et la cause et ferait un échange entre deux états, dont l'un substitué à l'autre pourrait donner le mouvement perpétuel mécanique, c'est-à-dire un effet plus grand que la cause.

On pourrait aussi donner une autre interprétation à la quantité de mouvement selon laquelle cette quantité se conserverait, mais ce n'est pas celle que les Philosophes ont entendue. Par exemple les corps A et B allant chacun avec sa vitesse, la quantité totale du mouvement est la somme de leurs quantités de mouvement particulières, comme la force totale est la somme de leurs forces particulières; et c'est ainsi que Descartes et ses sectateurs ont entendu la quantité de mouvement, et pour en être assuré on n'a qu'à voir les règles du mouvement que lui ou d'autres, qui ont suivi son principe, ont données. Mais si l'on voulait entendre par la quantité de mouvement, non pas le mouvement absolument pris (où l'on n'a point égard de quel côté il va) mais l'avancement vers un certain côté, alors l'avancement total (ou le mouvement respectif) sera la somme des quantités de mouvement particulières, quand les deux corps vont d'un même côté. Mais lorsqu'ils vont l'un contre l'autre, ce sera la différence de leurs quantités de mouvement particulières. Et on trouvera que *la même* quantité d'avancement se conserve. Mais c'est ce qu'il ne faut pas confondre avec la quantité de mouvement prise dans le sens ordinaire. La raison de cette maxime de l'avancement paraît en quelque façon et il est raisonnable que rien ne survenant du dehors, le tout (composé des corps en mouvement) ne s'empêche pas lui-même d'avancer autant qu'il faisait. Mais j'en ai donné ailleurs une démonstration exacte.

Il est encore à propos de remarquer que la force se peut estimer sans faire entrer le temps dans la considération. Car une force donnée peut produire un certain effet limité qu'elle ne surpassera jamais quelque temps qu'on lui accorde. Et soit qu'un ressort se débande tout d'un coup ou peu à peu, il n'élèvera pas plus de poids à la même hauteur, ni le même poids plus haut. Et un poids qui monte en vertu de sa vitesse n'arrivera pas plus haut, soit qu'il monte perpendiculairement, ou qu'il monte obliquement dans un plan incliné ou bien dans une ligne courbe. Il est vrai que la montée oblique demande plus de temps pour arriver à la même hauteur, mais elle fait aussi plus de chemin et plus de détours. De sorte que pour estimer la force par le temps il faut aussi considérer tous les chemins et tous les détours. Mais on est dégagé de tout cela quand on considère le seul effet qui se peut produire après tous ces détours. C'est ainsi, par exemple, qu'on prévoit d'abord, sans avoir presque besoin de démonstration ou de raisonnement, que le jet d'eau, libre de tous empêchements accidentels, doit jaillir précisément à la hauteur de l'eau, ou à la surface supérieure. Car c'est afin que l'eau puisse précisément retourner par l'ouverture d'en haut dans le vase d'où elle sort par la lumière d'en bas, et continuer toujours le même jeu par un mouvement perpétuel physique, tout comme un pendule parfaitement libre doit remonter précisément à la hauteur d'où il est descendu, autrement l'effet entier ne serait pas égal à sa cause totale. Mais comme il est impossible d'exclure tous les empêchements accidentels, ce jeu cesse bientôt dans la pratique, autrement ce serait le mouvement perpétuel mécanique. Cependant cette considération nous donne une voie abrégée pour estimer les effets par les forces, ou les forces par les effets, et pour connaître les véritables lois de la nature.

Il y a déjà eu quelques habiles hommes de ce temps qui ont trouvé par des expériences ou raisons particulières que la quantité de mouvement ne saurait se conserver toujours. Mais comme on était prévenu de l'opinion que la quantité de mouvement est la même chose que la force, ou qu'au moins les forces sont comme les quantités de mouvement en raison composé des masses et des vitesses, et qu'ainsi l'accroissement de la vitesse récompense précisément le décroissement de la masse on avait de la peine à se rendre à leurs raisons qu'on soupçonnait d'être fausses. Car on ne pouvait comprendre comment une partie de la force pouvait être perdue sans être employée à rien, ou gagnée sans venir de rien. On considérait la masse comme de l'eau et la vitesse comme du sel qu'on faisait dissoudre dans cette eau, et l'on concevait bien le sel plus étendu dans plus d'eau, ou plus resserré dans moins d'eau, et même tiré d'une eau et transféré dans une autre. Mais j'ai déjà fait voir comment en cela on a péché contre la métaphysique réelle, et contre la science d'estimer les choses en général.

Maintenant que la véritable notion de la force est établie, et que la source tant de l'erreur que de la vérité, est découverte, on sera plus disposé à se désabuser. Tout cela est d'autant plus raisonnable que le mouvement est une chose passagère qui n'existe jamais à la rigueur puisque ses parties ne sont jamais ensemble. Mais c'est la force (qui est la cause du mouvement) qui existe véritablement, ainsi outre hors de la masse, de la figure et de leur changement (qui est le mouvement) il y a quelque autre chose dans la nature corporelle : savoir la *force*. Il ne faut donc pas s'étonner si la nature (c'est-à-dire la sagesse souveraine) établit ses lois sur ce qui est le plus réel.

Note critique

Renvoi des astérisques

État de l'autographe L Br 719 (Pellisson) 1

1. .....l'effet entier est égal à *sa* cause totale.
2. .....le tout est égal à toutes ses parties ensemble.
3. .....qu'il surpasser*a*.....
4. .....il pourra donc l'acquérir *aussi* précisément égale.
5. .....et ainsi *des autres*.
6. L'autographe comporte deux figures semblables, en marge. La première, réduite, à côté d'un paragraphe raturé. La deuxième, plus bas, a été corrigée par Leibniz qui avait dessiné le bras MN trop long. D'où ratures et reconstruction de NDBB plus près de M. Le copiste n'a pas compris et Des Billettes a reproduit entre M et N un élément sans signification. Sur le cahier de Des Billettes la figure est à la fin.
7. .....dont le centre *soit M,* et le bras.....
8. ......ce qu'il fallait *prouver*.

II. RÈGLE GÉNÉRALE DE LA COMPOSITION DES MOUVEMENTS

Nous donnons ici les deux textes de Leibniz en disposition synoptique conformément aux indications fournies au début du chapitre III.

Article du *Journal des Sçavans* du 7 septembre 1693, p. 417	Copie Des Billettes 1692
Si les droites AB, AC, AD, AE, etc., représentent les diverses tendences ou les mouvements particuliers *d'un* mobile A	Si les droites AB, AC, AD, etc., représentent les mouvements particuliers du mobile A
.... B, C, D, E, etc., ...	qui doivent composer un mouvement total, et si G est le centre de gravité de *tous les points de tendence* B, C, D, etc. Enfin si AG est prolongée jusqu'à M en sorte qu'AM soit à AG comme le nombre des mouvements composants est à l'unité, le mouvement composé sera AM. C'est-à-dire, pour parler plus familièrement, si le mobile A serait parvenu dans une seconde de temps
d'A jusqu'à B, en cas qu'il eut été poussé par le seul mouvement AB que je suppose toujours uniforme ici) et encore de même s'il était parvenu dans une seconde jusqu'à C, ou D, ou E, etc., en cas qu'il eust été poussé par un de ces mouvements tout seul;	d'A à B, ou à C ou à D, etc., supposé qu'un de ces mouvements eut été seul,
maintenant que ce mobile.	maintenant que le mobile est poussé en même temps par tous ces mouvements ensemble, *ne pouvant pas aller en même temps de plusieurs côtés il ira vers le centre de gravité*
de tous les points de tendence B, C, D, E, etc., d'autant plus loin qu'il y a plus de tendences,	de tous les points de tendence,
de sorte qu'il parviendra dans une seconde jusqu'à M si AM est à AG comme le nombre des tendences est à l'unité. *Ainsi il arrivera au mobile la même chose qui arriverait à son centre de gravité, si ce mobile se partageait également entre ces mouvements pour satisfaire parfaitement à tous ensemble.* Car le mobile étant partagé également entre 4 tendences, il ne peut échoir à chacune qu'une quatrième partie du mobile qui devra aller quatre	et avec une telle vitesse, qu'il parviendra dans une seconde jusqu'à M *de sorte qu'il arrivera au mobile la même chose qui arriverait à son centre de gravité si le mobile se partageait également entre tous ces mouvements, et allait selon chacun d'autant plus vite qu'il serait devenu plus petit par le partage.*

fois plus loin, pour avoir autant de progrès que si le mobile tout entier avait satisfait à chaque tendence. Mais ainsi le centre de gravité de toutes ces parties irait aussi quatre fois plus loin. Maintenant le partage n'ayant point de lieu, le tout ira comme le centre des partages, pour satisfaire à chaque tendence en particulier, autant qu'il est possible dans le partage. Et il en provient autant que si on avait fait les partages, et réuni les parties au centre, après avoir satisfait aux mouvements particuliers.

Cette explication peut tenir lieu de démonstration. Mais ceux qui en demandent une à la façon ordinaire, le trouveront aisément en poursuivant ce qui suit.

Si l'on mène par A deux droites qui soient dans un même plan avec tous les mouvements et qui fassent un angle droit en A, on pourra...........
....
....
....
....
....
....
....
....
....
....
....
....
....
....
....
....
....
divisée par leur nombre : observant que ce qui est en sens contraire est une quantité négative, dont l'addition est une soustraction en effet. Or puisqu'il faut multiplier par le nombre des tendences la distance du centre de gravité des points de tendence, pris tant sur l'un que sur l'autre côté de l'angle droit, pour déterminer le

Cette explication peut tenir lieu de démonstration. Car ainsi il se fait autant de progrès qu'auparavant, mais ceux qui en demandent une démonstration à la façon ordinaire la trouveront aisément en poursuivant ce qui suit.

Si l'on mène par A deux droites qui fassent un angle droit en A, on pourra résoudre chacun de tous ces mouvements particuliers en deux pris sur les côtés de cet angle droit. Ainsi la composition de tous ces mouvements sur un des côtés sera le mouvement moyen arithmétique multiplié par le nombre des mouvements. C'est-à-dire, pour avoir la distance entre A et le point de tendence de ce mouvement sur ce côté il faudra multiplier la distance du centre de gravité de tous les points de tendence sur le même côté par le nombre des tendences. Car on sait que la distance entre A et le centre de gravité des points pris sur une même droite avec A, est la moyenne arithmétique des distances entre A et ces points, de quelque nombre qu'ils puissent être. J'appelle une *grandeur moyenne arithmétique* entre plusieurs grandeurs, celle qui se fait par leur somme divisée par leur nombre.

mouvement composé sur chacun des côtés, il s'ensuit que le mouvement total, composé des mouvements de ces deux côtés, se déterminera de même. Ainsi la composition de plusieurs mouvements faisans angle ensemble dans un même plan, se réduit à la composition de plusieurs mouvements dans une même droite et de deux mouvements faisans angle droit.

Que si les mouvements donnés ne sont pas dans le même plan, il faut se servir de trois droites faisans angle entre elles.

Il est bon de remarquer que dans cette composition des mouvements, il se conserve toujours la même quantité de progression, et non pas toujours la même quantité de mouvement. Par exemple si deux tendences sont dans une même droite, mais en sens contraire, le mobile va du côté du plus fort avec la différence des vitesses, et non point du tout avec leur somme, comme il arriverait si les tendences le portaient d'un même côté.

Et si les deux tendences contraires étaient égales, il n'y aurait point de mouvement. Cependant cela suffit, pour ainsi dire, *in abstracto* lorsqu'on suppose déjà ces tendences dans le mobile, mais *in concreto* en considérant les causes qui les y doivent produire, on trouvera qu'il ne se conserve pas seulement en tout la même quantité du progrès, mais aussi la même quantité de la force absolue et entière, qui est encore différente de la quantité du mouvement.

On donnera une autre fois *deux Consectaires* fort généraux et fort importants qui se tirent de cette règle.

Ainsi le *mouvement composé* sur chacun des côtés étant *celui du centre de gravité des partages, ou replications du mobile multiplié par leur nombre,* le même arrivera du mouvement diagonal composé de celui des deux côtés qui est le mouvement composé total.

De cette règle se tirent *deux Consectaires* importants, savoir des constructions aisées de deux problèmes que voici :

Journal des Sçavans
du 14 septembre 1693, p. 423

Problème A. — Mener la tangente d'une ligne courbe qui se décrit par des *filets tendus.*

Problème 1. — Mener la tangente d'une ligne courbe qui se décrit par des filets tendus à la façon des coniques,

Du point A de la courbe...

....

....

....

....

....

....

....

....

....

....

... d'autant plus pesant. On peut appliquer cette construction non seulement aux coniques ordinaires, aux ovales de M. Descartes, aux coévolutions de M. de Tchirnhaus, mais encore à une infinité d'autres lignes. En voici la raison, qui a servi de principe d'invention..........................

....

....

...qu'il y a de filets : car il les tire également et comme il les tire, il en est tiré..........................

....

....

... filets (par la nouvelle règle des compositions du mouvement que l'auteur vient de publier dans le journal précédent). Et ces points..............

....

M. de Tchirnhaus, dans son livre intitulé *Medicina mentis* ayant cherché le premier ce problème a donné occasion à M. de Leibniz d'y arriver; ce qu'il a fait en prenant une voie qui a cet avantage que l'esprit y fait tout sans calcul et sans diagrammes.

M. Facio y est aussi arrivé de son chef par une très belle voie et l'a publié le premier. Enfin M. le marquis de l'Hôpital a donné sur ce sujet l'énonciation la plus générale qu'on puisse souhaiter, fondée sur la nouvelle méthode du *Calcul des différences*.

Problème Z. — ....

....

....

.... J'appelle sollicitations les efforts infiniment petits

ou des ovales de M. Descartes.

Du point A de la courbe soit décrit un cercle quelconque coupant les filets aux points B, C, D, etc., soit trouvé le centre de gravité de ces points, G, et AG sera perpendiculaire à la courbe, ou bien, une droite menée par A normale à AG sera la tangente que l'on cherche. Lorsque le filet est double ou triple il y faut considérer deux ou trois points dans un seul endroit, à peu près comme si un de ces points tenant lieu de plusieurs était d'autant plus pesant.

Voici la raison de tout ceci qui servit de principe d'invention. On doit considérer que le stile qui tend les filets pourrait être conçu comme ayant autant de directions égales en vitesse entre elles, qu'il y a de filets. Car comme il les tire, il en est tiré. Ainsi la direction composée qui doit être dans la perpendiculaire à la courbe, passe par le centre de gravité d'autant de points qu'il y a de filets. Et ces points à cause de l'égalité des tendences sont également distants du stile, et tombent ainsi dans les intersections du cercle avec les filets.

M. de Tschirnhaus fut le premier qui tâchât de trouver quelque règle pour les tangentes des courbes décrites avec des filets et cela donna occasion à M. d. L. de la chercher aussi, ce qu'il fit avec succès par la voie que nous venons de dire, mais comme il ne se hâtait guère de publier ses pensées, M. Facio dont nous avons de très beaux essais en mathématiques trouva à peu près la même chose là-dessus, et M. Huguens y contribua, mais c'est par une voie bien différente de celle-ci.

Problème 2. — Un même mobile étant poussé en même temps par un nombre infini de sollicitations, trouver son mouvement. J'appelle *sollicitations* tous les efforts infiniment petits, ou *conatus*, par lesquels le mobile est sollicité ou invité, pour ainsi dire, au mouvement; comme est par exemple l'action de la pesanteur ou de la tendence centrifuge, dont il en faut une infinité pour composer un mouvement ordinaire.

. . . .
. . . .
. . . .
. . . .
. . . .
. . . .
. . . .

Le problème qu'on vient de résoudre est d'importance en Physique; car la nature ne produit jamais aucune action que par une multitude véritablement infinie des causes concourantes.

comme est celui de la pesanteur, ou encore celui de la force centrifuge, et il en faut une infinité pour composer un mouvement ordinaire.

Cherchez le centre de gravité du lieu de tous les points de tendence de toutes ces sollicitations, et la direction composée passera par ce centre, mais les vitesses produites seront proportionnelles aux grandeurs des lieux. Les lieux peuvent être des lignes, des surfaces, ou même des solides.

Il est bon aussi de considérer qu'ici où il ne s'agit que de la quantité de la progression, les vitesses et les grandeurs se recompensent. Et par ce moyen on pourrait diversifier les mouvements car il se conserve toujours la même quantité de progression, mais on a démontré ailleurs que lorsqu'il s'agit de la force absolue ils ne se compensent point, car il ne se conserve pas toujours la même quantité de mouvement total.

INDEX DES NOMS

INDEX DES NOTIONS

Cet index concerne à la fois le vocabulaire et les idées exprimées, Sont imprimées en caractère gras les notions spécialement adoptées par Leibniz.

BIBLIOGRAPHIE

BERNOUILLI (Jean) : *Der Briefwechsel von J. Bernoulli,* O. Spiess, Bâle, 1955.

BODENHAUSEN (Rudolph Christian) († 1698) : Cf. Leibniz, *Werke (1)* V, Berlin, 1954, p. 700.

CATELAN (François) († après 1719) : Cf. Leibniz, *Werke (1)* VI, Berlin, 1957, p. 648.

—— *Nouvelles de la République des Lettres,* 1687.

COSTABEL (Pierre) : *Le Mouvement,* dans *Encyclopédie Clartés,* t. XVI, fasc. 16150-16165 (Paris, 1956).

—— *La démonstration cartésienne relative au centre d'équilibre de la balance,* dans *Archives Internationales d'Histoire des Sciences,* t. IX (1956), p. 133 et suiv.

—— *La controverse Descartes-Roberval au sujet du centre d'oscillation,* dans *Revue des Sciences Humaines* (1951), p. 74-86.

—— *Centre de Gravité et Équivalence dynamique* (*Conférences du Palais de la Découverte,* décembre 1954, série D, n° 34).

—— *Deux Inédits de la Correspondance indirecte Leibniz-Reyneau* dans *Revue d'Histoire des Sciences,* t. II (1949), p. 311-332.

—— *La septième Règle du Choc Élastique de Christian Huygens,* dans *Revue d'Histoire des Sciences,* t. X, fasc. 2 (1957), p. 120.

DESCARTES (René) : *Œuvres de Descartes,* édit. Adam Tannery, Paris, Vrin, 1956.

FATIO DE DUILLIER (Nicolas) : Cf. *Bibliothèque Universelle et Historique,* 1687-1689.

FOUCHER DE CAREIL (Comte Alexandre-Louis) : Cf. Leibniz.

GERHARDT (Carl Emmanuel) : Cf. Leibniz.

GUÉROULT (Martial) : *Dynamique et Métaphysique Leibniziennes,* Paris, Les Belles Lettres, 1934.

HANNEQUIN (Arthur-Édouard) : *La première philosophie de Leibniz* (*Études d'histoire des Sciences et d'histoire de la Philosophie,* t. II, Paris, Alcan, 1908).

HOBBES (Thomas) : *Philosophia Prima Opera Philosophica,* Londres, Bohn, 1839-1945. *Pars* II.

HUYGENS (Christian) : *Œuvres complètes de Christiaan Huygens,* publiées par la Société hollandaise des Sciences, La Haye, 1888-1950.

LAMY (Bernard) : *Traité de Méchanique,* 2e édition, Paris, 1687.

LEIBNIZ (G. W.) : *Œuvres de Leibniz...,* publiées par A. Foucher de Careil, Paris, Firmin-Didot, 1859-1875.

—— *Lettres et Opuscules inédits de Leibniz,* publiés par A. Foucher de Careil, Paris, Lagrange, 1854.

—— *Der Briefwechsel von G. W. Leibniz mit Mathematiker,* éd. Gerhardt, t. I, Berlin, 1899.

—— *Die philosophischen Schriften von G. W. Leibniz,* éd. Gerhardt, Berlin, 1875-1890.

—— *Leibnizens mathematische Schriften...*, éd. Gerhardt, Berlin, 1849-1863.
—— *Opera omnia*, éd. Dutens, Genève, 1678.
L'HÔPITAL : Cf. BERNOULLI.
MOUY (Paul) : *Le développement de la Physique Cartésienne (1646-1712)*, Paris, Vrin, 1934.
PARDIES (Ignace-Gaston) : *La Statique ou la Science des forces mouvantes*, Paris, 1673.
PASCAL (Blaise) : *Lettres de A. Dettonville contenant quelques-unes de ses inventions de géométrie*, Paris, G. Desprez, 1659.
TSCHIRNHAUS (Ehrenfried Walther de) : *Medicina mentis seu tentamen genuinae logicae...*, Amsterdam, 1687.
VARIGNON (Pierre) : *Projet d'une nouvelle Mechanique*, Paris, 1687.
—— *Nouvelle Mechanique*, éd. posth., Paris, 1725.
ROBINET (André) : *Malebranche et Leibniz, relations personnelles*, Paris, Vrin, 1955.

PÉRIODIQUES UTILISÉS

Journal des Sçavans, 1682, 1692, 1693.
Journal des Savants, 1844.
Nouvelles de la République des Lettres, 1687, 1705.
Bibliothèque Universelle et Historique, 1687-1689.

MANUSCRITS INÉDITS

Archives de l'Académie des Sciences, Paris.
Bibliothèque de l'Institut de France.
Bibliothèque de Hanovre
BR Briefwechsel
HS Handschriften
BR Toinard
BR Larroque
BR Malebranche
BR Foucher
HS Théologie

Contribution à l'étude de l'offensive de Leibniz contre la philosophie cartésienne en 1691-1692

par Pierre COSTABEL

EXTRAIT DE LA
REVUE INTERNATIONALE DE PHILOSOPHIE
Numéro 76-77 - 1966 - fascicule 2-3

Contribution à l'étude de l'offensive de Leibniz contre la philosophie cartésienne en 1691-1692

par Pierre Costabel

La publication des lettres de Leibniz à Foucher (Gerh. Ph. Sch., *I) et à Pellisson (Foucher de Careil,* Œuvres de Leibniz, *1859, t. I) a permis depuis longtemps déjà de situer en 1691-1692 une véritable offensive du philosophe de Hanovre contre les thèses cartésiennes et de saisir le lien entre divers aspects d'une stratégie de grand style. Mais en raison des difficultés dues aux classements des manuscrits de Hanovre, des pièces importantes ont été soit négligées, soit méconnues, et notre propos est ici de combler quelques lacunes, de signaler quelques corrections. Il ne s'agit que d'une contribution. Dans le cadre d'un article il ne peut pas être question d'autre chose que d'une préparation à une étude et à une publication plus complètes et plus méthodiques, dont la nécessité s'impose en raison des sujets traités.*

C'est en revenant d'Italie après un voyage de deux années que Leibniz eut communication des «réflexions de M. Pellisson sur les différends de la religion» et qu'il rédigea une lettre pour marquer à la fois son intérêt et ses objections. Cette lettre fut envoyée en France par la duchesse de Hanovre à Mme *l'abbesse de Maubuisson, sa sœur, et ne parvint à Pellisson que par l'intermédiaire de M*[me] *de Brinon. Elle ne lui était pourtant pas destinée en principe, mais la route qu'elle avait suivie ouvrit à partir du 4 septembre 1690 une correspondance indirecte entre Leibniz et Pellisson, M*[me] *de Brinon continuant à assurer la transmission. L'ensemble de ces documents n'a pas tardé à être publié puisqu'il constitue le premier état du tome IV de la* Tolérance des Religions *de Pellisson dont le permis d'imprimer est daté du 13 septembre 1691. Une deuxième édition de cet ouvrage, parue en 1692, comporte des* additions *dont la première partie est faite des lettres échangées directement par Leibniz et Pellisson à partir de juin 1691 jusqu'à la fin de cette année. Jamais correspondance privée n'a été aussi rapidement livrée au public, avec l'assentiment des auteurs et, bien entendu, un choix correspondant au but poursuivi.*

L'initiative d'une correspondance directe revient à Leibniz, dans une lettre sans date à laquelle Pellisson a répondu le 16 juin 1691. Et c'est la réponse de Leibniz, également non datée, qui nous intéresse particulièrement ici. Elle annonce l'envoi d'une note pour le Journal des Sçavans. *Simple échantillon philosophique qui a été confié à un ami*[1] *pour être présenté au Président Cousin. « Si Dieu me donne la santé et le loisir, continue Leibniz, j'espère de donner un jour quelque satisfaction au public sur une matière si importante qui a cela de curieux que les pensées abstraites se vérifient merveilleusement bien par les expériences et qu'il y a un beau mélange de métaphysique, de géométrie et de physique, outre le grand usage qui en résulte pour soutenir la possibilité du mystère.» En quelques phrases se trouvent réunis les différents éléments caractéristiques du programme leibnizien.*

La note pour le Journal des Sçavans *attaque de front la philosophie cartésienne de l'étendue essence de la matière et paraît dans le numéro du 18 juin 1691. La correspondance avec Pellisson publiée dans les* additions *avec la deuxième édition du tome IV de la* Tolérance des Religions *donne en 1692 les textes où «les savants trouveront un essai de quelques découvertes considérables que M. Leibniz croit avoir faites en Physique, en Métaphysique et en Géométrie et qu'il rapporte à la Religion». Pour qui sait lire, ce que nous venons d'appeler « le programme » apparaît donc clairement dans des textes imprimés à la portée de tous.*

La matière « si importante » dont il vient d'être question est en effet cette « science toute nouvelle » que Leibniz appelle la « dynamique » et qui, en introduisant comme réalité pre-

[1] Cet ami est le chanoine Foucher. Cf. Lettre de Foucher à Leibniz, août 1692 (*Gerh. Ph. Sch.*, I, p. 408).

mière dans la matière un principe actif, la dunamis, *permet, aux yeux de son inventeur de réaliser un accord avec les données de la foi concernant l'Eucharistie. Leibniz le déclare explicitement à Pellisson, il ne voit pas comment les cartésiens peuvent soutenir à la fois que l'essence de la matière est l'étendue et professer avec l'orthodoxie une Présence réelle ne souffrant ni de la multiplication, ni de la division des espèces eucharistiques. L'hérétique n'est donc pas celui qu'on pense. A l'heure où il participe à des conversations œcuméniques, Leibniz est manifestement soucieux de montrer qu'il est un interlocuteur éminemment compréhensif grâce aux corrections qu'il propose à la philosophie cartésienne. Le « beau mélange de métaphysique, de géométrie et de physique » n'est pas un bric-à-brac. C'est un ensemble fortement organisé où la critique de l'étendue et l'élaboration de la dynamique constituent des articulations maîtresses au service d'un noble et vaste dessein.*

Comment ce dessein a-t-il été perçu et apprécié des contemporains? Nous avons consacré à la dynamique un petit ouvrage[2] *qui nous dispense d'entrer ici dans le détail concernant cet aspect de la question. Il nous suffit de rappeler que les textes que nous avons réédités avec des corrections substantielles, ont eu une histoire tourmentée. En particulier l'*Essay de dynamique *adressé à Pellisson en 1692 est bien passé de main en main grâce à quelques copies, mais il n'a reçu qu'un accueil réservé, particulièrement à l'Académie Royale des Sciences. Pellisson lui-même, qui semblait au début assez favorable, a si bien temporisé que la mort l'a surpris, au début de 1693, avant qu'il ait pu s'intéresser vraiment au problème de la publication. Et ce texte important est resté inédit jusqu'à ce que Foucher de Careil en fasse à Hanovre, au milieu du siècle dernier, une transcription hâtive sur la minute autographe. La question que nous nous posions nous-même après cette étude était à vrai dire de savoir si Leibniz avait eu plus de succès avec sa critique de l'étendue qu'avec sa proposition de la dynamique.*

C'est à ce propos que nous avons conjugué l'examen de quelques manuscrits inédits de Hanovre avec les données des correspondances déjà publiées.

[2] Cf. Pierre Costabel, *Leibniz et la dynamique — les textes de 1692*, Paris, Hermann, 1960 (collection « Histoire de la Pensée »).

Leibniz n'a été informé de la publication de sa note dans le Journal des Sçavans *du 18 juin 1691 que plus d'un an après. Le fait est surprenant, mais il résulte sans contestation possible de la lettre de Foucher d'août 1692.*

« Votre sentiment de l'essence de la matière qui n'est point l'étendue, écrit Foucher, a été mis dans le Journal *de l'année passée, peu de temps après que vous me l'avez envoyé, et il s'est trouvé un homme qui y a répondu. »*

C'est donc avec le même retard d'information que Leibniz a appris l'existence d'une réponse. Cette réponse anonyme figure dans le Journal *du 16 juillet 1691. Foucher en connaissait-il l'auteur? La manière dont il s'exprime incline à penser qu'il ignorait effectivement l'identité de ce dernier et qu'il ne lui attachait pas grande valeur. Leibniz lui-même ne semble pas avoir été très préoccupé de découvrir à qui il avait affaire, mais deux lettres simultanées à Foucher et à Pellisson en octobre 1692 le montrent attentif à reprendre la question*[3]*, et il annonce à Pellisson l'envoi d'une note complémentaire à transmettre au Président Cousin pour le* Journal des Sçavans. *Au témoignage de Foucher (mai, juillet 1693)*[4] *c'est cette note qui a été publiée dans le* Journal *du 5 janvier 1693*[5].

Tel est le contexte dans lequel s'insère un groupe de documents appartenant au dossier Théologie des manuscrits de Hanovre : LH Theol. XIX 7, folios 650-661.

Les folios 650-651, 660-661 constituent deux feuilles doubles du format des lettres ordinaires et portent le texte d'une copie de lettre, due à la main de Pellisson. Il s'agit évidemment d'un texte communiqué à Leibniz par les soins de Pellisson. Foucher de Careil a eu ce texte entre les mains puisqu'il en signale l'existence[6]*. Il le fait dans une simple note, en éditant la lettre de Leibniz qui figure sur les folios 652-654, mais sans identifier nettement ce document comme une réponse ou un projet de réponse à la lettre précédente, et en proposant pour celle-ci une attribution manifestement erronée*[7] *qui l'a*

[3] Leibniz à Foucher 17-27 octobre 1692, *Gerh. Ph. Sch.*, I, p. 410. Leibniz à Pellisson 18-28 octobre 1692, Dossiers de Hanovre : LBr 719 12.

[4] *Gerh. Ph. Sch.*, I, p. 416, 418.

[5] *Gerh. Ph. Sch.*, IV, pp. 466-467.

[6] *Op. cit.*, p. 323, note 1.

[7] Foucher de Careil suggère que l'auteur est Mallement, Recteur

conduit à en négliger la publication. Probablement pressé par le temps, Foucher de Careil n'a pas examiné avec soin le dossier dont nous parlons et il a laissé inédits des textes fort intéressants.

Il convient, pour plus de clarté, de présenter méthodiquement le dossier. Ce que nous appellerons la lettre de l'objecteur, c'est-à-dire les folios 650-651 et 660-661, encadre matériellement, dans l'état où les manuscrits ont été conservés et enregistrés, huit folios de format double des précédents et tous de la main de Leibniz. On y distingue quatre rédactions successives dont l'ordre de classement dans le temps s'impose de la manière suivante : fol. 652-654, fol. 655-656, fol. 659, fol. 657. Le folio 658 est encore une minute de lettre destinée à Pellisson, mais dont le contenu exige qu'elle soit considérée à part.

Le texte des folios 652-654 ayant été publié par Foucher de Careil, nous n'en reproduisons que la première partie, nécessaire pour le but ici poursuivi. Nous devons cependant signaler que dans la deuxième partie, non reproduite ci-dessous, Leibniz fait mention de la mort de Thévenot qu'il vient d'apprendre. Or cette mort est survenue en octobre 1692. On ne saurait donc situer la rédaction du présent texte avant le milieu de novembre. Foucher de Careil, se basant sur les données fournies par une lettre du 27 décembre, de Bossuet à Pellisson, propose la date du 19 novembre. En fait il y a bien une date en haut du folio 652, mais il s'agit d'une addition postérieure, de la main de Leibniz, qui est difficile à déchiffrer. Le mois est soit novembre, soit décembre, le chiffre 1 est bien visible et il n'est pas exclu qu'il y en ait un second. C'est tout ce que l'on peut affirmer. Il y a accord cependant, et c'est l'essentiel, avec la donnée interne : Leibniz a rédigé ce texte vers le milieu de novembre 1692 au plus tôt, au début de décembre au plus tard.

Puisqu'il s'agit d'une réponse à la lettre de l'objecteur, sur une question tenant particulièrement à cœur à Leibniz, on ne peut supposer un grand délai entre les deux. Leibniz a dû recevoir la communication de Pellisson fin octobre, début

de l'université de Paris. Nous indiquerons en annexe, plus loin, ce qu'il convient de relever au sujet de ce personnage dans les papiers de Hanovre.

novembre. Mais la lettre de l'objecteur était-elle un document récent ou plus ancien?

Son auteur déclare au folio 650 qu'il « vient de lire dans le Journal des Sçavans *du 21 mai p. 206 » ce qui concerne la critique de l'étendue cartésienne et il ajoute : « C'est la pensée de M. Leibniz que M Pellisson approuve et après eux M. Pirot. »*

Or l'approbation de Pirot, docteur en Sorbonne, a été formulée de manière élogieuse dans une lettre de ce personnage à Pellisson le 24 août 1691. Pellisson l'a communiquée à Leibniz le 23 octobre 1691 et a publié cette correspondance dans les additions du tome IV de la Tolérance des Religions, *pp. 27-50. Doit-on en conclure que l'auteur n'a pu puiser son information que dans cet ouvrage, et par conséquent situer sa lettre en 1692?*

C'est bien, semble-t-il, la question que se pose Leibniz au folio 652 v., mais c'est pour remarquer aussitôt que l'inconnu n'a guère manifesté une connaissance réelle du contenu des additions. *Leibniz a l'impression que l'objecteur parle d'après la seule référence au* Journal des Sçavans *et pour lui, qui vient seulement d'être informé de la publication de sa note en 1691 sans précision de date, il est clair qu'il ne peut s'agir que de la note du 18 juin 1691. Un extrait d'une lettre de Leibniz à Foucher a bien été publié dans le* Journal *du 2 juin 1692, mais d'une part Leibniz ne le sait pas encore, d'autre part cet extrait vise d'autres questions. Cette donnée vient à l'appui du jugement de Leibniz. Il n'y a pas eu de* Journal *le 21 mai 1692, mais il y en avait eu un le 21 mai 1691, à un mois de distance de celui contenant la note leibnizienne. Il faut donc admettre que l'objecteur se réfère à cette note en commettant une erreur de date. Et il peut écrire en 1691 ou en 1692, il n'y a pas d'éléments suffisants pour trancher.*

Il est plus aisé de faire une hypothèse plausible sur l'identité du personnage. Les remarques que Leibniz formule au début du folio 652 définissent un signalement qui convient davantage à Malebranche qu'à Bossuet. L'un et l'autre sans doute ont « l'esprit occupé à des choses plus grandes » et peuvent invoquer saint Augustin en faveur de la primauté des choses « nécessaires », mais Malebranche est vraiment celui dont on peut dire que « les lumières s'étendent sur ce qu'il y a de plus profond dans les mathématiques ». Il est aussi celui qui est en relations amicales avec Lagny, l'auteur de deux ouvrages sur l'extraction des racines, en 1691, et il a été sollicité de donner un avis sincère à leur sujet[8]. *On ne conçoit pas une consultation semblable auprès de Bossuet. Si Leibniz évoque Arnauld au folio 653 r., c'est pour indiquer aussi que cette hypothèse est à écarter. Manifestement Leibniz pense à Malebranche et il a probablement de bonnes raisons pour cela.*

Le 19 novembre 1691, écrivant à Pellisson[9] *pour le remercier ainsi que Pirot de leurs « bontés » touchant sa note sur l'étendue, la matière et la force, il annonçait l'envoi des « pièces du petit procès » soutenu autrefois avec Catelan et où « le R. P. Malebranche était un peu mêlé ». « Je souhaiterais, disait-il, que ce procès fût examiné par quelques habiles géomètres. Peut-être l'entremise de M. l'abbé Pirot pourrait en donner l'occasion. » Un fait est donc certain. A la fin de 1691, Leibniz a pris une initiative mettant en cause Malebranche et il a suggéré l'« entremise » de Pirot qui avait effectivement des contacts avec l'Oratoire.*

Cette initiative a été suivie d'effet en février 1692, car il est bien manifeste que les documents que nous analysons en annexe et qui font intervenir le Recteur de l'Université de Paris, se situent exactement dans ce cadre. Il n'est pas impossible qu'elle ait provoqué aussi, indirectement, une occasion pour Malebranche d'exprimer son avis dans une lettre qui a circulé plus ou moins sous le manteau.

Enfin un témoignage plus tardif de Foucher[10] *évoque encore le même cadre. « Une de vos lettres que vous m'aviez écrite a été perdue, écrit Foucher à Leibniz le 30 mai 1693, et c'est celle que vous aviez adressée à feu M. Pellisson*[11]. *J'ai pourtant vu un fragment entre les mains de M. l'abbé du*

[8] Cf. Lettre de Lagny à Malebranche, 8 décembre 1691, *Œuvres complètes de Malebranche*, t. XIX, Paris, Vrin, 1961, p. 573.

[9] Cf. Foucher de Careil, 2e édition, 1867, pp. 276-277.

[10] *Gerh. Ph. Sch.*, I, p. 416.

[11] D'après une lettre antérieure (mars 1693, *op. cit.*, p. 413), Foucher avait demandé à Leibniz d'adresser « sa réponse » à Pellisson parce qu'il allait lui-même être absent de Paris. Il y a là une allusion à des événements à situer fin 1692. Foucher déclare dans cette lettre « être fâché de la mort de Pellisson parce qu'il avait envie de le connaître ». Il est certain qu'une remise en ordre des correspondances de fin 1692, début 1693 serait très souhaitable pour éclaircir une situation encore assez confuse actuellement.

Hamel où vous rapportez un trait de Socrate, tiré de Platon[12], *et où vous répondez au P. Malebranche et à M. l'abbé Catelan*[13] ». *La plus grande prudence s'impose dans l'interprétation, car on ne saurait être assuré qu'il s'agisse là d'autre chose que d'une reprise par Leibniz de la controverse ancienne. Cependant le témoignage a une valeur positive : à la fin de 1692 Leibniz a été encore préoccupé de* répondre *à Malebranche et à Catelan.*

Nous nous en tiendrons là. Dans l'état actuel de notre connaissance des textes et sans pousser la conjecture, plusieurs points peuvent être dégagés :

1° A la fin de 1691 ou dans le courant de 1692, un éminent personnage du milieu français, distinct de l'auteur des premières objections parues en juillet 1691 dans le Journal, *au courant de l'opinion favorable de Pellisson et de Pirot à l'égard de la position leibnizienne contre l'étendue cartésienne, a exprimé son avis dans un texte qui a été connu par Pellisson, directement ou indirectement;*

2° Le fragment utile de ce texte a été communiqué par Pellisson à Leibniz en octobre-novembre 1692, au moment où, alerté par l'information tardive relative à l'article de juillet 1691, Leibniz avait le désir d'approfondir la question;

3° Leibniz a estimé qu'il avait affaire à un personnage considérable, mais, constatant que le texte n'était pas écrit uniquement à son sujet, il n'a pas jugé convenable de répondre sans précautions. D'où les projets successifs que nous publions ci-dessous, dont le volume diminue jusqu'à la forme dense et brève, mentionnée par l'auteur lui-même comme ayant été effectivement envoyée.

Nous compléterons plus loin ce que nous avons à dire. Il importe, nous paraît-il, qu'au point où nous sommes parvenus le lecteur prenne contact avec des documents dont le contenu philosophique est inséparable d'un témoignage vivant de grande saveur.

[12] *Gerh. Ph. Sch.*, IV, p. 446.

[13] Personnage très remuant et répandu dans les milieux parisiens, héros de la défense cartésienne, Catelan est un correspondant possible pour la lettre de l'objecteur. Mais ses relations avec Malebranche sont devenues très mauvaises dans le courant de l'année 1692. Cf. *Œuvres de Malebranche*, t. XVII_2 sous presse, Vrin Ed.

Dossier LH Théologie XIX fasc. 7 folios 650-661 *

I. *Lettre de Malebranche à X*

[novembre-décembre 1691 ou début 1692]

Copie de la main de Pellisson, folios 650-651, 660-661
(deux feuilles doubles)

[*650 r.*]

Je n'ai compris qu'imparfaitement cette nouvelle méthode des extractions. Je vois bien que cela doit être fort beau, mais il faut que je m'abstienne de ces sortes de spéculations, car j'ai trop d'inclination à m'en occuper et cela me fait perdre du temps. Je ne suis pas assez fidèle à considérer cette parole de saint Augustin : *Intelligere superflua nihil nocet sed discere forsitan nocuit cum tempus necessariorum occupaverit.* Mais je ne crois pas que ce soit pécher contre cette règle de vous dire ma pensée sur ce que je viens de lire dans le *Journal des Sçavans* du 21 mai, p. 206.

[*650 v.*]

Que l'essence des corps ne consiste pas dans l'étendue mais dans la force par laquelle les corps peuvent agir et résister. C'est la pensée de Mr. Leibniz que Mr. Pellisson approuve et après eux Mr. Pirot, et cependant je ne crois pas qu'il y ait peu de chose que l'on puisse plus facilement démontrer être évidemment fausse, pourvu que l'on convienne de ce que signifie le mot d'essence. Car ce doit être le premier des attributs qui conviennent à une chose et d'où les autres attributs dépendent. Or je ne vois pas comment on a pu s'imaginer que la force par laquelle les corps peuvent agir et résister soit le premier attribut des corps dont les autres dépendent.

[*651 r.*]

Car 1° comment peut-on concevoir qu'un corps peut agir ou résister sans qu'auparavant on l'ait conçu étendu; un corps

* Par souci de simplification nous transcrivons les textes sans respecter l'orthographe originale qui n'a rien de caractéristique.

n'est conçu résister à un autre qu'en ce qu'il ne cède point à cet autre qui agit sur lui pour le déplacer. Il faut donc concevoir l'un et l'autre dans une place, et il n'y a que ce qui est étendu qui occupe une place.

2° Le pouvoir d'agir et de résister dans un corps en suppose d'autres sur qui il agisse ou à qui il résiste. Or ce qui convient essentiellement à tous corps doit être absolu et non relatif.

3° La plus considérable propriété des corps c'est d'être figurable. Or on comprend fort bien que cette propriété est une suite de ce qui est étendu, car la figure vient de ce que la substance étendue est terminée. Mais comment me pourrait-on faire concevoir que la figurabilité d'un corps vienne de sa force?

[*651 v.*]

C'est encore une propriété des corps d'être divisible à l'infini. Or cela vient visiblement de ce qu'il est étendu, sur quoi il y a un fort beau passage de saint Augustin, *De Gen. ad Litt.* : *Philosophi subtilissima ratione persuadent nullum esse quamlibet exiguum corpusculum in quo divisi finiatur sed infinite omnia dividi quia omnis pars corporis corpus est et omne corpus habeat necesse est dimidium quantiatis suae.* Peut-on dire que cette propriété vienne de la force dans laquelle on veut mettre l'essence du corps?

Je sais que Mr. de Leibniz a aussi une autre pensée sur les corps. Il croit qu'on ne ne se peut passer de formes substantielles qu'il dit être incorruptibles

[*660 r.*]

et indivisibles parce que sans cela on ne pourrait trouver d'unité dans les corps. Puisque je suis en train de vous parler de philosophie, je vous dirai que je ne puis assez admirer le peu d'état qu'on a fait du principe des mécaniques trouvé par Mr. Descartes et que Mr. Rohaut même ait continué à se servir du centre de gravité pour expliquer la force des machines, car c'est, ce me semble, *inventis frugibus glande vesci.* Et c'est ce qui m'a fait rire en voyant dans l'*Histoire de l'ouvrage des Sçavans* de Hollande de grandes disputes pour expliquer comment l'eau d'une seringue uniforme haute de six pieds et de dix pouces de diamètre, pouvait pousser un piston soutenu par une corde autour d'une poulie qui avait de l'autre un poids proportionné au poids de

[*660 v.*]

cette eau, c'est-à-dire un peu moins pesant que l'eau d'une seringue de même hauteur, et de même diamètre vers le demi-pied d'en bas, qui dans tout le reste d'en haut n'aurait qu'un pouce de diamètre, d'où il pourrait arriver que cette eau pourrait peser dix fois moins que l'eau de l'autre seringue et ne laisserait pas néanmoins de pouvoir aussi pousser le piston. Rien n'est plus facile que d'expliquer cela par le principe de Mr. Descartes, mais rien ce semble n'était plus chimérique que ce qu'ils disaient de part et d'autre, parce qu'ils prenaient d'autres voies.

[*661* blanc]

II. *Réponses de Leibniz*
(minutes autographes)

a) Folios 652-654 *

[*652 r.*]

à Mr Pellisson 1 [ ]embre 1692

MONSIEUR,

Il faut mettre au nombre des nouveaux sujets de remerciement que vous me donnez, la communication des réflexions sur mes pensées touchant la nature des corps. Il y a encore d'autres choses qui ne me touchent point mais qui marquent que cet écrit vient d'une personne dont les lumières s'étendent sur ce qu'il y a de plus profond dans les mathématiques, mais dont l'esprit est occupé à des choses plus grandes. Je suis de son sentiment touchant la méthode des approximations de Mr. de Lagny (car c'est d'elle qu'on y parle comme je crois) qu'il y a quelque chose de beau là-dedans. Pour ce qui se dit

* FOUCHER DE CAREIL, *Œuvres de Leibniz*, Paris, 1859, t. I, pp. 322-334 (19 novembre 1692).

sur la fin des mécaniques, j'ai quelque remarque à faire. L'auteur de l'écrit admire le peu d'état qu'on fait du principe des méchaniques de Mons. Descartes et que Mr. Rohaut même ait continué à se servir du centre de gravité pour expliquer la force des machines et que c'est *inventa fruge glandibus vesci.* Pour moi j'ai été surpris autrefois quand j'ai entendu parler du principe de Mécanique de Mr. Descartes car je ne savais ce qu'on voulait dire par là. Enfin on me fit entendre qu'il s'était servi d'une règle qui dit qu'il est aussi aisé d'élever dix livres à un pied que d'élever une livre à dix pieds. Comment, disais-je, est-ce un principe particulier à Mons. Descartes? Je croyais que c'était celui de toute la Terre et je m'en suis toujours servi par un sentiment naturel. Car lorsque j'ai voulu raisonner sur l'équilibre et sur ce qui en dépend j'ai toujours considéré combien un corps descendrait ou combien l'autre monterait, et multipliant la pesanteur du corps par la hauteur dont il descend ou à laquelle il monte, j'ai examiné de quel côté il y aurait plus ou moins de descente ou de montée et j'ai supposé que la nature prendra le parti par lequel il y aurait le plus de descente, ou pour parler plus généralement par lequel elle ferait le plus d'effet, ce qui me paraît quelque chose de plus que ce que dit le principe de Mons. Descartes; mais tout cela m'a paru si clair que je n'ai jamais cru qu'il y aurait des gens qui manqueraient de s'en servir au besoin.

Pour ce qui est du *centre de gravité* il est un peu moins aisé de s'en aviser et cependant il est de grand usage. Et ces raisons me le font estimer. Un excellent mathématicien avait coutume de dire que le centre de gravité était une supposition hardie, mais heureuse. En effet, cette propriété de l'étendue en général, soit ligne, surface ou solide, qui fait qu'elle a un certain centre de gravité unique est du nombre des *propriétés* que j'appelle *paradoxes* c'est-à-dire dont on a raison de soupçonner d'abord qu'elles sont impossibles. Par exemple quand on donne une certaine situation à un triangle scalène et que suivant cette situation on le coupe en deux moments égaux par le moyen d'une verticale, pourrait-on se promettre que quelque manière que l'on change la situation du triangle, toutes les droites verticales qui coupent le triangle en deux moments égaux passeraient par un même point du triangle? Cela paraît d'autant moins croyable que cela n'arrive point lorsque les droites coupent le triangle en deux parties égales, ce qui est pourtant plus simple

[*652 v.*]

que de le couper en deux moments égaux. Et cependant par un certain bonheur (s'il y a du bonheur dans les choses nécessaires) ce qui paraît plus aisé ne réussit point et ce qui est plus difficile en apparence réussit heureusement. Et bien qu'il y ait une infinité d'étendues qui n'ont point de centre de grandeur (par lequel toute droit les puisse couper en deux parties égales) il n'y a eu aucune qui n'ait un centre de gravité. Cela a sa raison, mais elle ne se voit pas d'abord. C'est pour dire que le centre de gravité est quelque chose d'extraordinaire.

Mais j'ajouterai qu'il est d'un usage merveilleux pour abréger le raisonnement et pour donner des théorèmes généraux. Je l'ai éprouvé moi-même et entre autres ma règle de la composition des mouvements que j'ai envoyée en France il y a quelques mois le pourra faire connaître. Cependant je ne l'emploie pas toujours et souvent je me sers de la seule estime des montées ou descentes des corps. Une autre fois j'emploierai la composition des mouvements à la mode de Stevin, du P. Pardies, de Mr. Varignon ou du P. Lamy, et souvent je me servirai encore de quelqu'autre adresse, sans m'attacher à une seule méthode à peu près comme les géomètres ne s'attachant point à une seule façon de construire cherchent la plus courte voie qui n'est pas toujours celle qu'on tire des premiers Eléments. Et par conséquent le principe susdit de Mécanique n'est pas toujours le plus commode.

J'ajouterai qu'il n'est pas suffisant pour la dynamique et ne saurait donner les véritables lois de la nature ou règles du mouvement. Il faut un peu plus de façon pour en venir à bout.

Mais venons-en à ce qui a été opposé à mes pensées sur la nature du corps. Il semble que l'auteur de l'écrit marque de ne les avoir lues que dans le *Journal des Sçavans*, mais je souhaiterais, Monsieur, qu'il les eût encore vues dans votre ouvrage même. Je ne me souviens pas d'avoir dit que tout ce qu'on peut concevoir dans le corps dépend uniquement de la force, mais j'ai dit p. 12 des additions *que dans la nature des corps, outre la grandeur et la situation, et le changement de la grandeur et de la situation c'est-à-dire outre les notions de la pure géométrie, il faut mettre une notion supérieure qui est celle de la force par laquelle les corps sont capables d'agir et de résister.* Et presque toutes les objections qu'on m'oppose ne combattent point ce sentiment. Car la première objection veut que ce qui résiste présuppose quelque chose d'étendu. La 3e dit que la figurabilité vient de l'étendue et nullement de la force, et la 4e en dit autant de la divisibilité. Or il est visible que tout ceci n'empêche point qu'outre l'étendue et ce qui en dépend (comme figurabilité et divisibilité) on conçoive encore la force dans le corps; et j'ai aligné ailleurs des raisons qui prouvent la nécessité qu'il y a d'y recourir.

Cependant j'ajouterai qu'à bien considérer ce que c'est que l'étendue on trouve que c'est une notion relative qui suppose quelque nature qui s'étend ou quelque sujet étendu. Et comme la blancheur est étendue dans le lait ou la dureté dans la pierre, selon nos apparences, ainsi la nature corporelle ou la matérialité (qui enveloppe la force, savoir la résistance, l'impénétrabilité, l'inertie, etc. et ce qui en dépend) se trouve étendue, c'est-à-dire répandue, répétée, continuée dans le corps. C'est pourquoi il semble qu'on pourrait dire que la notion que nous avons de la matière consiste dans une force répandue ou étendue naturellement. Et j'ai déjà dit ailleurs que la notion de l'étendue est composée d'autres notions, savoir celles de la grandeur et de la situation, ou bien qu'étendu n'est autre chose qu'un tout continu dont les parties sont coexistentes.

[*653 r.*]

Par où il paraît que ceux qui veulent faire passer l'étendue pour la substance du corps prennent plaisir à fermer les yeux pour se donner un faux contentement comme s'ils avaient atteint l'essence de la matière. Car s'ils voulaient prendre garde à leurs propres pensées, ils verraient qu'ils ne sauraient penser distinctement à l'étendue sans penser à quelque chose d'étendu ou de répandu dont la notion doit être différente de celle de l'étendue ou de la répétition.

On m'oppose dans la 2e objection (car j'ai déjà répondu aux autres) *que le pouvoir d'agir ou de résister dans un corps en suppose d'autres sur qui il agisse ou à qui il résiste. Or ce qui convient essentiellement à tout corps doit être absolu et non relatif*. Mais j'ai beaucoup de choses à y répondre. Ce n'est pas l'action d'agir ou de résister, mais l'action ou résistance effective qui suppose d'autres corps. Je n'accorde pas aussi que ce qui convient à tout corps doit être absolu et non relatif. Car tout corps est divisible, or la divisibilité a du rapport aux parties c'est-à-dire à d'autres corps, la figure a du rapport à une autre figure inscriptible ou circonscriptible, l'étendue a du rapport à des bornes ou limites de quelqu'ambiant. Je doute même s'il est dans le pouvoir des hommes de concevoir distinctement des notions tout à fait absolues.

On dit enfin *que j'ai encore une autre pensée sur le corps* (quoique dans le fond ce soit la même que la précédente) *en ce que je crois qu'on ne peut se passer des formes substantielles que je dis être incorruptibles et indivisibles parce que sans cela on ne pourrait trouver d'unité dans les corps.* Je reconnais assez à l'air dont on en parle qu'on a cru le réfuter en le rapportant. Mais cela ne m'étonne point, je suis accoutumé à cet effet des préjugés, j'y ai été pris autrefois comme un autre. Cependant j'ai éprouvé en conférant par écrit avec une personne célèbre des plus exactes et des plus profondes que je connaisse, qui était fort attachée aux opinions opposées et qui d'abord avait cru la mienne fort étrange, qu'il est plus aisé de rejeter que de réfuter ce sentiment. La personne dont je viens de parler s'en est aperçue à mesure que la matière a été approfondie.

Mais changeons de matière et venons-en à l'article que j'ai déjà touché. Comme je déplore souvent le mauvais état de la médecine et l'imprudence des hommes qui négligent le plus important! C'est la raison qui me fit pousser Mr. Ramazzini, médecin de Mr. le Duc de Modène, à nous donner tous les ans l'histoire médicinale annuelle de son pays qu'il méditait. Si cela se pratiquait partout nous aurions bientôt des trésors de nouvelles connaissances. Et mon opinion est qu'après le soin de la piété celui de la santé doit être le premier...

[N. DE L'ÉD. *Nous arrêtons ici la transcription de la fin du folio 653 recto (le 653 verso étant blanc) et du folio 654 qui fait suite. Cette transcription, donnée par la publication de Foucher de Careil, ne s'impose pas puisque le texte a trait à des questions différentes de celles que nous avons en vue ici.*]

b) Folios 655-656

[*655 r.*]

J'avais dit que l'essence du corps ne consiste pas dans l'étendue et qu'il faut considérer la force par laquelle il peut agir et résister. L'auteur des objections qu'on m'a envoyées croit qu'*il y a peu de choses qu'on puisse plus facilement démontrer être évidemment fausses.* Ce sont ses paroles. Je devrais être bien fâché de n'avoir pu voir de moi-même cette fausseté si évidente, mais considérons sa démonstration qui consiste en quatre objections.

Première objection : Un corps ne peut être conçu agir ou résister sans être conçu étendu car les corps ne sont conçus résister qu'à ceux qui agissent pour les déplacer, donc il faut les concevoir dans une place, c'est-à-dire étendus.

Je voudrais que cette démonstration fût un peu mieux formée à la façon des logiciens ou des géomètres, ce qui serait bien nécessaire pour un homme qui ne voit pas même les choses les plus évidentes.

Je trouve des doutes et des obscurités partout, je ne sais pas s'il est vrai que toute action sur un corps tend à le déplacer. Mais quand cela serait, il ne s'ensuit point que tout ce qui est enveloppé dans la notion de l'autre lui est antérieur.

Car j'ai appris en géométrie que de chaque attribut réciproque on peut démontrer tous les autres attributs du même sujet. De plus quand la notion de la place serait antérieure à la notion de l'essence, elles pourraient néanmoins être essentielles toutes deux. Enfin il n'est pas absolument nécessaire que tout ce qui est dans une place soit étendu, témoin le point.

Deuxième objection : Le pouvoir d'agir et de résister dans un corps en suppose d'autres sur qui ils agissent et à qui ils résistent, or ce qui convient essentiellement à tout corps doit être absolu et non relatif.

Je ne sais par quel malheur il arrive que je suis obligé de m'arrêter partout. Est-ce ma faiblesse ou est-ce parce que le chemin est raboteux?

Je ne puis rien accorder de tout cela. Ce n'est pas le pouvoir d'agir ou de résister, mais l'acte même d'agir ou de résister qui suppose des objets de notre action ou de notre résistance, mais quand cette puissance supposerait d'autres corps, elle ne laisserait pas d'être essentielle au corps. Je n'avais pas encore su que ce qui est relatif ne saurait être essentiel.

Troisième objection : La plus considérable propriété des corps c'est d'être figurable, c'est une suite de l'étendue, mais comment pourrait-on concevoir que la figurabilité du corps vienne de la force?

Je réponds que selon les Gassendistes, non seulement le corps mais encore l'espace est figurable, ainsi tout le monde n'accordera pas que la figurabilité est une propriété du corps.

[*655 v.*]

De plus, si un corps était sans étendue et gardait l'étendibilité, il ne laisserait pas d'être figurable et par conséquent la figurabilité ne sera pas en ce cas la suite de l'étendue; cependant ce corps privé d'étendue ne laisserait pas d'avoir la puissance passive qui le rendrait sensible et figurable.

Quatrième objection : C'est une propriété du corps d'être divisible à l'infini, or cela vient visiblement de l'étendue. Peut-on dire que cela vient de la force?

La même réponse qu'on vient de trouver à l'objection a encore lieu ici. L'auteur de l'objection n'a point remarqué que la puissance passive qui rend les corps capables de résister, ajoute quelque chose dans la substance matérielle au-delà de l'étendibilité.

Cependant quand on soutiendrait avec les auteurs de la religion que l'étendue est de l'essence des corps, il ne s'ensuivrait pas que l'essence consiste dans l'étendue.

Tout ce qui est étendu n'est autre qu'un continu dont les parties existent à la fois, avec une position et ordre en sorte qu'on y peut prendre des parties qui n'ont rien de commun, et qu'on les [*illisible*].

Mais cela n'explique pas en quoi consiste la nature de ce continu, ni ce que ces parties ont de commun entre elles. La blancheur est étendue dans le lait, la lumière dans l'air, la matière dans l'espace et l'espace dans lui-même. Mais il reste d'expliquer ce que c'est que la blancheur, la lumière, la matière et l'espace même. Cette nature commune au tout et aux parties qui se trouve dans ce qui est étendu, se rencontre même dans l'extrémité de la chose, laquelle est sans étendue : ainsi l'extrémité d'un corps ou la pointe d'une pyramide est quelque chose de matériel quoiqu'il n'y ait plus d'étendue. Or jusqu'ici je n'ai rien trouvé qui explique mieux la nature de la substance matérielle que la force qu'elle a d'agir et de résister, aussi n'est-ce que par là que je puis rendre raison des affections de la matière qui ne lui sont pas communes avec l'espace.

Il dit que j'ai encore une autre pensée sur les corps, savoir qu'il y a des formes substantielles, mais cette pensée revient à la précédente, la forme substantielle n'étant autre chose que la force primitive. La difficulté qu'il y a sur l'unité des corps ne doit point être imprimée. Elle a embarassé Mons. Cordemoy et l'a forcé de recourir aux atomes.

Ce qu'il dit des principes des mécaniques de Descartes et et des disputes dans le journal de Hollande sur une certaine seringue ne me touche pas; cette matière de l'équilibre était assez éclaircie avant Descartes, *fuit dudum in potestate geometrarum*. Cependant on y trouve souvent des théorèmes nouveaux qui servent pour abréger. Il croit que ceux qui se servent du centre de gravité *inventa fruge glandibus vescuntur*, mais c'est tout le contraire. La considération de ce centre est d'un usage merveilleux. Ce n'est pas qu'on ne s'en puisse passer utilement en plusieurs rencontres.

*[656 r.]**

Après avoir réfuté ce que je dis de la force, il ajoute que j'ai encore une autre pensée du corps et que j'y mets des formes substantielles. Cependant cette pensée revient à la précédente et j'ai marqué que ce qu'on appelle la forme substantielle est une force primitive. Ce qu'il dit de l'effet de la seringue dont il est parlé dans le journal de Hollande ne me touche pas et il ne faut pas qu'on s'y arrête. On a assez éclairci, il y a longtemps, l'équilibre et la force des cinq machines vulgaires et la chose ne vaut pas la peine qu'on s'y arrête. Ce n'est pas

* Les folios 655-656 forment une feuille double, mais la moitié supérieure de 656 a été coupée et le reste a servi pour la nouvelle rédaction ci-contre. Au verso il n'y a rien.

connaître Archimède que de croire qu'il ait ignoré l'usage du principe que Descartes a mis dans son petit traité de mécanique. Mais il a eu des raisons pour prendre un autre tour et il est bon pour l'avancement de la science qu'on en prenne plusieurs. Tantôt l'un, tantôt l'autre sert pour abréger. Le centre de gravité est d'un usage merveilleux et de s'en vouloir priver, c'est plutôt *inventa fruge glandibus vesci.*

c) Folio 659

MONSIEUR,

Puisque vous témoignez que les objections qu'on vous a envoyées contre notre sentiment viennent de bon lieu, je tâcherai d'y répondre.

Il est vrai qu'il y a des expressions qui m'ont fait douter si cela pourrait servir. La question est : En quoi consiste l'essence du corps? L'auteur de l'objection dit que par le *mot essence*, il entend *le premier de tous les attributs et dont tous les autres attributs dépendent.*

Je ne lui veux point contester cette définition du mot mais je dirai seulement que pour savoir en quoi consiste l'essence d'une chose, il n'est pas toujours nécessaire de savoir distinctement ce premier attribut. Le plus souvent on se contente de connaître des propriétés réciproques du sujet, lesquelles en contiennent et enveloppent toujours toute l'essence, en sorte que toutes les affections essentielles en peuvent être tirées. D'où vient aussi qu'on peut donner plusieurs bonnes définitions d'un même sujet. Qui est-ce qui ne pense savoir en quoi consiste l'essence de la ligne droite? Cependant je ne connais personne qui en ait donné le premier attribut au public; et celui qui me paraît le plus approchant est que c'est une ligne dont chaque partie est semblable au tout.

Pour parler de l'essence du corps on peut distinguer entre prédicats essentiels, réciproques et primitifs. Tout prédicat nécessaire est de l'essence d'une chose ou essentiel, tout prédicat réciproque épuise toute l'essence et lorsqu'on le connaît, on peut dire qu'on connaît en quoi consiste l'essence de la chose, mais lorsqu'on en connaît les attributs primitifs on se peut vanter de la connaître parfaitement.

Or il s'en faut tant que l'essence consiste dans l'étendue

que ceux qui avouent qu'un corps peut être en plusieurs, sont obligés d'avouer que l'étendue n'est pas même de l'essence du corps.

[*Il reste un tiers du folio blanc et il n'y a rien au verso.*]

d) Folio 657

J'ai envoyé ceci à Mr Pellisson.

Le Savant auteur des objections qu'on ma envoyées nous assure qu'*il y a peu de choses que l'on puisse plus facilement démontrer être évidemment fausse* que ce que j'avais dit du corps, de l'étendue et de la force.

Il en donne quatre preuves qui ne me paraissent nullement évidentes car il suppose partout des choses que je n'accorde point, il fait des conséquences dont je ne vois point la suite, il conclut ce qui n'est pas contre moi.

Au moins cela me paraît ainsi. Je me trouve arrêté par tout, mais je ne sais si c'est à cause de ma faiblesse ou parce que le chemin est raboteux.

Ainsi, comme il m'est arrivé plus d'une fois d'avoir combattu en l'air contre des raisonnements embarrassés, j'oserais supplier l'auteur des objections, si j'avais l'honneur de le connaître, d'en vouloir choisir au moins une des quatre, qui lui paraîtra la plus forte, lui donner une bonne forme, et l'habiller en argument à la façon des Logiciens ou en démonstration à la façon des Géomètres, et en fin de compte marquer en quoi sa conclusion m'est contraire en indiquant mes propres paroles.

Ces façons sont nécessaires pour un homme qui selon l'auteur des objections doit avoir de la peine à voir ce qui est de la dernière évidence.

e) Folio 658

[*Nous ne publions pas la minute de cette lettre à Pellisson dont la deuxième partie, relative à la médecine est presque identique à celle figurant sur les folios 653-654. La première partie n'a aucun intérêt pour le sujet qui nous occupe. Elle n'est composée que de civilités à l'adresse de Pellisson et fait allusion à la lettre écrite par Foucher en août 1692 à propos du projet de nomination de Leibniz comme membre honoraire de l'Académie Royale des Sciences. Nous la publierons dans un autre contexte.*]

III. *Extraits de deux lettres de Bossuet*
(FOUCHER DE CAREIL, 2e édition, 1867)

a) Bossuet à Pellisson, Meaux 27 decembre 1692.
F. d. C., *op. cit.*, p. 416.

J'ai reçu, Monsieur, avec votre lettre du 25 celles que Mr de Leibniz vous écrit du 8 décembre et du 9 novembre, et je les ai lues avec plaisir : il a une netté et une grâce admirables dans tout ce qu'il dit. Ce qu'il propose pour la perfection de la médecine est admirable et capable de l'enrichir de plusieurs nouveaux aphorismes qui peut-être surpasseraient ceux d'Hippocrate. Je n'entre point dans sa mécanique, non plus que dans sa physique. J'applaudis seulement à tous ceux qui cherchent... Je souhaite de tout mon cœur de pouvoir louer aussi sa Théologie en tous ses points.

b) Bossuet à Leibniz, Meaux 27 décembre 1692
F. d. C., *op. cit.*, p. 422.

Quant à la nature du corps, je suis déjà parvenu à croire que vous avez démontré que l'étendue actuelle n'en peut pas être l'essence et qu'il faut admettre le *ce qui*, ou pour parler en termes d'école, le sujet même de l'étendue, comme il faut trouver dans l'âme non seulement la pensée, mais ce qui pense. Je crois aussi que c'est là le sentiment de Mr Descartes. Pour le reste de la dynamique, quelque nettement que vous l'ayez expliquée en peu de mots, je ne puis me rendre que je n'en aie vu davantage. Tout ce que je puis vous dire, c'est que j'estime tout ce que vous faites...

Commentaires

Nous avons tenu à terminer la publication des textes par le rappel de deux extraits de lettres simultanées de Bossuet à Pellisson et à Leibniz.

Le premier est utile pour situer l'activité épistolaire de

Leibniz à l'adresse de Pellisson, à condition de ne pas considérer ce qu'il donne comme absolument exhaustif. Il est utile surtout parce qu'il assure que l'une des lettres mentionnées comportait le développement relatif à la médecine. Développement que nous avons signalé comme présent à la fois dans a *(fol. 653-654) et dans* e *(fol. 658).*

Or c'est dans e *seulement qu'au milieu des civilités à l'égard de Pellisson, Leibniz s'exprime avec une « grâce admirable » sur quelques points des conflits de personnes en matière religieuse, c'est-à-dire sur un sujet qui intéresse directement Bossuet. Comme il est impossible que* a *et* e *aient été envoyés tous les deux, nous concluons que c'est* e *qui a donné lieu à une lettre effective, tandis que* a *est resté à l'état de projet.*

Projet d'ailleurs fort ample qui n'a pas dû satisfaire Leibniz après coup. b, c, d *représentent la mise au point progressive d'une partie de* a, *celle qui concerne la question de l'essence des corps. Il paraît clair que Leibniz a scindé des difficultés qui se présentaient à lui simultanément.*

Le deuxième extrait semble indiquer que Bossuet a eu connaissance des derniers efforts de Leibniz quant à la critique de l'étendue. La manière dont Bossuet accorde que l'étendue ne peut être l'essence des corps est intéressante, mais elle est légère en comparaison de la densité d'argumentation de l'auteur de la lettre I. Et elle ne répond pas aux exigences de d. *Enfin elle énonce brièvement qu'il n'y a rien de nouveau par rapport à ce que Descartes a déjà dit, mais ce déjà dit est simplement le* cogito, *tandis que l'auteur de I s'appuyait fortement sur la philosophie mécanique de Descartes.*

A de nouveaux arguments pour écarter l'hypothèse Bossuet de l'attribution de la lettre I, ce deuxième extrait ajoute une constatation : la tentative de Leibniz a fait long feu auprès de l'évêque de Meaux. Et en définitive, du programme initial c'est la dynamique qui a trouvé relativement le plus de succès, et auprès de Malebranche. Relativement, parce que là encore l'autorité de Descartes n'en était pas profondément atteinte, mais relativement tout de même puisque l'opuscule de 1692 sur les Lois de la communication des mouvements *témoigne chez*

Malebranche de l'influence des critiques de Leibniz contre la mécanique cartésienne *.

Ce n'est qu'au début de 1693 que Leibniz sera informé de ce résultat insuffisant et reprendra avec Malebranche une correspondance longuement interrompue. Si l'hypothèse que nous avons suggérée est exacte en ce qui concerne l'origine de la lettre I, on peut saisir un aspect des difficultés qu'un philosophe aussi averti que Malebranche était susceptible d'opposer à la thèse leibnizienne. Par rapport aux discussions de vive voix que les deux hommes avaient eues au cours du séjour parisien du second, c'est à peine s'il y a déplacement du vocabulaire, la notion d'attribut héritant de quelques caractéristiques de celle qui était alors centrale, celle de requisit. *En fait il n'y a de progrès, à près de vingt ans de distance, que dans la manière dont la mécanique vient au secours de l'analyse philosophique pour affirmer l'antériorité de la notion d'étendue.*

Mais que ce soit Malebranche qui soit en cause ou un autre penseur attaché à la philosophie cartésienne, les textes que nous venons de publier donnent la mesure de la maîtrise de Leibniz lorsqu'il s'agit de mettre l'accent sur le fond d'une argumentation. Sans doute Leibniz a suffisamment hésité sur la manière la plus adéquate de répondre, pour n'envoyer en définitive à Pellisson qu'un résumé sollicitant davantage l'adversaire que présentant de contre-arguments. Il est heureux cependant que les manuscrits de Hanovre nous permettent de savoir ce qu'il y avait derrière ce résumé : l'accès à une plus grande précision logique par la substitution de la notion de prédicat à celle d'attribut, par la conception du prédicat réciproque, et le refus d'admettre que le relatif soit inapte à définir des notes essentielles. C'est par là, nous en sommes convaincus, que se trouve ouverte la voie à une étude féconde, susceptible de mettre en évidence des aspects méconnus de la recherche leibnizienne.

* Cf. *Œuvres complètes de Malebranche*, t. XVII_1, Vrin. Ed. Paris 1960, p. 9-236.

ANNEXE

Dossier LH, Théologie XIX, fasc. 7, fol. 609-613

[*611*]

Lettre de Pirot à Pellisson du 23 février 1692.

Cette lettre annonce le retrait des pièces de Leibniz confiées à Mallement, Recteur de l'Université, et l'envoi de l'avis formulé par ce dernier, avec prière de transmettre à Hanovre.

[*609-610*]

Réflexions de Mallement sur le principe : *Datis ordinatis etiam quaesita sunt ordinata.* La conclusion est que le principe peut être bon et mauvais selon qu'on s'en sert bien ou mal à propos, et que l'on ne peut dire plus « puisque l'on n'a demandé qu'une réflexion de une demi-page sur ce sujet ».

[*612-613*]

Réponse de Leibniz à Pirot (mars 1692) après réception de ce qui précède.

Editée par Foucher de Careil, 1859, t. I, pp. 255 et sq. comme étant une lettre à Bossuet.

Paris, Ecole pratique des Hautes Etudes, VIe section.

TABLE DES MATIÈRES

Achevé d'imprimer en France par Dupli-Print à Domont (95) en mai 2013
N° d'impression : 231070